全国乡村振兴
优 秀 案 例

中国小康建设研究会　主编

QUANGUO XIANGCUN ZHENXING YOUXIU ANLI

中国农业出版社
北 京

图书在版编目（CIP）数据

全国乡村振兴优秀案例/中国小康建设研究会主编. —北京：中国农业出版社，2020.5
ISBN 978-7-109-26822-7

Ⅰ.①全… Ⅱ.①中… Ⅲ.①农村-社会主义建设-案例-中国 Ⅳ.①F320.3

中国版本图书馆CIP数据核字（2020）第073653号

中国农业出版社出版
地址：北京市朝阳区麦子店街18号楼
邮编：100125
责任编辑：刁乾超　赵冬博
版式设计：李　文　　责任校对：赵　硕
印刷：北京通州皇家印刷厂
版次：2020年5月第1版
印次：2020年5月北京第1次印刷
发行：新华书店北京发行所
开本：787mm×1092mm　1/16
印张：15.5
字数：245千字
定价：198.00元

编委会成员

FOREWORD

序　言

2017年10月，以习近平总书记为核心的党中央提出了产业兴旺、生态宜居、乡风文明、治理有效、生活富裕五位一体的乡村振兴战略。乡村振兴战略作为新时代“三农”工作的总抓手、总纲领、总遵循，统筹农村各项事业的发展，统筹城乡融合发展，让乡村发展跟上国家总体发展的步伐，进而决胜全面建成小康社会，决胜社会主义现代化强国建设，实现中华民族的伟大复兴。

乡村振兴战略提出后，2018年中央1号文件对乡村振兴战略实施做出了全面的部署，搭建起了实施乡村振兴战略政策体系的“四梁八柱”，同年9月，中共中央、国务院下发了《2018—2022年乡村振兴战略规划》，各地也先后制定下发了省、市、县的乡村振兴战略规划；2019年8月，党中央制定下发了《中国共产党农村工作条例》，所有这些都为乡村振兴战略顺利实施奠定了坚实的基础。两年来，全国上上下下、方方面面都在全力推进乡村振兴战略的实施并取得了初步成效，不少地方取得了显著的成绩。

《全国乡村振兴优秀案例》一书是由中国小康建设研究会主编的，旨在通过总结归纳各地乡村振兴战略实施中有特色、有亮点、有成效的做法，为各地推进乡村振兴战略的实施提供可学习借鉴、可复制推广的经验，发挥典型引路、示范带动作用，助推乡村振兴战略科学有效的实施，促进农业、农村各项事业可持续发展。在本书出版之际，我谨向中国小康建设研究会乡村振兴研究院表示祝贺，向热爱“三农”、研究“三农”、扎根基层的广大读者朋友们郑重推荐。

一年来，中国小康建设研究会在全国范围内共征集了优秀案例300余个，组成了由在京的农业科研部门和职能部门专家组成的评委会，对典型材料进行了评审和严格筛选，精选了上海、浙江、福建、山东、河北、广东、贵州、陕西、甘肃等省（自治区、直辖市）申报的25个具有代表性的优秀案例。这些做法和经验来自农村基层一线，深深扎根在农村的泥土里，无不体现了“三农”工作者对农村工作的热爱和对农民兄弟的关怀。这些不同地区的“三农”工作在做法上各具特色、因地制宜，覆盖面广、代表性强，既有理论创新的代表性又富有普遍的现实意义，既给人以启迪，又接地气；既具有示范、引领作用，又具有极好的可复制性，可供全国各地农村在实施乡村振兴战略中学习借鉴。这些案例中有依托当地资源条件发展特色产业，实现乡村经济发展的典型；有着力乡村环境整治，实现生态宜居，打造美丽乡村的典型；有注重乡村传统文化的保护传承与发展，实现文化振兴，推进乡村文明建设的典型；有发挥基层党组织战斗堡垒作用，依托乡村社区多元化的民间组织，推进乡村全域治理，实现乡村充满活力、和谐有序的典型；有着力增加农民收入，实现乡村美、农民富的典型。认真学习这些典型案例，我们切身感受到了基层工作的同志们根植一方热土、心系当地百姓、精心谋划发展，辛勤努力付出的奉献精神和高尚情怀；

我们深深地为他们探索创新、努力实践所取得的成绩而受到激励和鼓舞，对他们创造积累的可借鉴、可复制、可推广的宝贵经验充满了钦佩和敬意。

2020年是全面建成小康社会的收官之年，是全面脱贫攻坚任务的完成之年，也是农业补短板、强弱项、稳基础、加快发展的重要一年，更是推进乡村振兴战略实施的关键之年。《全国乡村振兴优秀案例》的出版，能为乡村振兴战略的实施起到助力和推动作用。在此，也真诚地希望，在继续推进乡村振兴战略的实施中，本书能给大家带来新的认知和感悟、新的思考与决策。

第十三届全国人大农业与农村委员会副主任 李春生

2020年3月

中国小康建设研究会乡村振兴研究院

一、简介

中国小康建设研究会乡村振兴研究院是浙江省宁波市鄞州区人民政府与有关机构联合发起成立的中国小康建设研究会分支机构，其主要任务是发挥自身资源和平台优势，整合全国“三农”领域优质创新资源，围绕乡村振兴战略的理论与实践，持续开展调查和深入的科学研究，为国家相关部门和地方政府制定农村经济政策、农村经济发展战略和深化农村经济体制改革提供调查信息、行业咨询和对策建议。中国小康建设研究会乡村振兴研究院为涉农企业和各类农业经营主体提供政策解读、发展规划、成果推广、人才培训、技术支撑、科技推广、精准扶贫等方面的咨询和服务，力争成为国内知名的乡村振兴战略研究高级智库，为推进乡兴全面振兴的各项任务提供有力保证。

二、重点工作

（一）研究农业农村重大问题，服务乡村全面振兴

从影响政策落实的关键环节和农民群众最关心的问题入手，扎实搞好战略规划、实施方法和基础保障三个层面的研究工作，以高质量的研究成果，支持有关工作的谋划，辅助有关政策的制定，因此宣传推广《全国乡村振兴优秀案例》并出版发行。

（二）突出科技助农工作重点，推进数字乡村建设

更好地促进农村数字经济发展，助力乡村振兴。联合知名企业、科研机构和数字平台继续大力提升农村地区的数字基础设施条件，支持应用电子商务进行农产品产销对接，推动智慧数字农业试点，鼓励数字技术应用。

（三）发挥自身人才平台优势，强化服务保障职能

适应新形势对农村改革发展提出的新要求，以实施乡村振兴战略为总抓手，发挥专家团队专业化的智力资源优势，扎实开展政策咨询、重大问题调研和重大理论研究工作，努力拓宽业务合作的渠道，促进区域协调发展，为各级地方政府和其他农业经营主体的业务发展提供咨询服务，为全面小康建成的工作任务提供有力保证。

（四）扩大国内开放交流，加强农业国际合作

以对外合作交流和开放互动为目标，每年定期举办“中国乡村振兴发展大会”，进一步扩大对外开放。加强国际、国内的合作研究与学术交流，组织行业研讨会，举办国际大型会议、会展，与国际知名智库开展交流互访合作。

（五）培养“三农”创新人才，夯实乡村振兴基础

联合国内外农业领域主要的科研院所、高等院校、涉农企业，建立紧密的业务联系和科研项目战略合作。组织开展“乡村振兴大讲堂”工作，培养具有全局意识和国际视野的农业领军人物和“双新、双创”优秀人才。

中国小康建设研究会乡村振兴研究院将充分发挥深入基层、联通高层的平台优势，发挥重要的纽带作用，为乡村振兴战略实施做出更大的贡献。

关注我们

CONTENTS

目 录

上海，中华人民共和国省级行政区、直辖市、国家中心城市、超大城市，国务院批复确定的中国国际经济、金融、贸易、航运、科技创新中心。截至2018年，全市下辖16个区，总面积6 340.5平方千米，建成区面积1 426平方千米，常住人口2 423.78万人，城镇人口2 135.35万人，城镇化率88.1%。地处中国东部、长江入海口，东临东海，北、西与江苏、浙江两省相接，位于东经120°52′～122°12′，北纬30°40′～31°53′，是国家物流枢纽。春秋战国时期，是楚国春申君黄歇的封邑，故别称申。晋朝时期，因渔民创造捕鱼工具“扈”，江流入海处称“渎”，因此松江下游一带称为“扈渎”，后又改“沪”，故上海简称“沪”。

上海被GaWC（Globalization and World City）发布的2018年世界城市体系排名评为“世界一线城市”。上海在科尔尼发布的2019年全球城市综合排名中列为世界第19位，中国第3位。在2019年全球城市营商环境指数暨百强城市排行榜中，上海排名世界第48位，中国第4位。2019年10月31日，上海入选首批5G商用城市名单。2019年上海市生产总值（GDP）38 155.32亿元，按可比价格计算，比上年增长6%。2019年12月15日，荣登年度中国城市品牌前10强。

案例一
注重示范引领 率先启动乡村振兴示范村建设

——上海市农业农村委员会

上海市把乡村振兴示范村建设当做全市实施乡村振兴战略的重点工作来抓。2018年6月起，上海选择奉贤区吴房村等9个村率先启动了乡村振兴示范村建设[1]。2019年6月底，这9个示范村先后完成了既定的建设任务，并相继通过了区级验收和市级复核。目前9个示范村的形态和风貌焕然一新，一条符合超大城市特点和规律的乡村振兴示范引领之路正在形成。

一、基本情况

为发挥好首批乡村振兴示范村的典型引路作用，上海市在示范村遴选时综合考虑了不同地域、不同发展水平及产业特色等因素，并按照“模式优先、层次多样”的原则，确定了9个村开展示范创建。

上海市首批示范村呈现如下特征。

（1）地域分布比较均衡

示范村分属9个涉农区，近、中、远郊均有分布，村域总面积计25.21平方公里[2]（村均面积约2.8平方公里），总农户数6 023户（村均约669户），总人数18 036人（村均2 004人）。

（2）发展模式各具特色

9个村立足各自不同的资源禀赋，呈现出农业特色型、生态宜居型、区域联动型、产业融合型等多种发展模式。

（3）项目建设涵盖多领域

据统计，9个示范村共计开展了224个建设项目，涵盖了农民集中居住、生态环境建设、公共服务设施、农业产业新业态等多个领域。

1. 浦东新区赵桥村、闵行区革新村、宝山区塘湾村、嘉定区向阳村、奉贤区吴房村、松江区黄桥村、金山区水库村、青浦区莲湖村、崇明区园艺村。

2. 公里：公里为非法定计量单位，1公里＝1千米。——编者注。

二、做法与成效

一年多来，各涉农区按照“产业兴旺、生态宜居、乡风文明、治理有效、生活富裕”的总要求，坚持因地制宜、改革创新、系统谋划、综合施策、精准发力，稳步推进示范村建设，成效初显，共植了一棵根深、枝繁、叶茂、花妍、果硕的“振兴之树”。

1. 牵住“产业兴旺”牛鼻子，激发乡村发展新动能

各示范村注重运用现代产业发展理念改造传统农业，着力提升农村产业高质量发展能力，写好了三篇“大文章”：

（1）调优农业结构

按照农业供给侧结构性改革要求，各示范村与市内外知名科研技术团队合作，引进优良品种、实行生态种养，共计提升农业生产设施1 900亩[1]，改种药材、林果等高效经济作物2 000余亩，实现了农业提质增效。例如，赵桥村和吴房村分别打造水蜜桃、黄桃产业链；塘湾村建设“宝农34”大米核心产区；莲湖村大力培育蛙稻米、红柚、蓝莓、铁皮石斛等特色产业。

（2）提升品牌效应

在调优农业结构的基础上，各示范村加强“一村一品”建设，通过品牌培育提升农业附加值。例如，园艺村打响“崇明黄杨”品牌，组织农户抱团发展，改变一家一户低端销售模式，2018年全村造型黄杨销售收入达4 000万元。

（3）延伸产业链条

各示范村共引进60余家市场主体，在加强农产品产销对接的同时，探索发展乡村民宿、众创空间、科普教育等新产业新业态，共建成28个休闲农业和乡村旅游景点，延伸了农业的产业链条。例如，莲湖村与叮咚买菜等25家新型农商企业建立合作关系，实现线上线下多渠道农产品销售。

2. 下好“生态宜居”先手棋，彰显江南水乡新风貌

各示范村以乡村规划为引领，统筹田、水、路、林风貌元素，扭转了农宅房屋“散、乱、小”的状况，重塑农村人居环境下好了“三步棋”：

（1）推进集中居住

革新村、黄桥村、水库村、向阳村等通过平移、翻建等实施途径，230户农户实现向规划保留居住点集中，150户保留点农户通过布局微矫正的方式实现原址翻建，节地率均达到

1. 亩：亩为非法定计量单位，1亩≈666.67平方米。——编者注。

25%以上，探索形成了一整套可操作的政策、机制和路径，为全市农民相对集中居住的“平移”模式提供了样板（革新村风貌，图1-1；水库村风貌，图1-2）。

▲ 图1-1　革新村

▲ 图1-2　水库村

（2）加强生态治理

各示范村全域开展村庄清洁行动，共整治建设用地14万平方米、河道水系62公里、绿化植树21万平方米，新建生活垃圾处理设施48座，生活污水处理率达到100%，实现了“田园生活，城市品质”。同时，吴房村、莲湖村、塘湾村等还注重保留保护原有的生态要素，创新河道整治施工工艺，修复流域景观，再现了江南水乡的自然肌理。

（3）提升建筑风貌

各示范村在房屋新建、翻建过程中注重元素统一，做到组团式布局与乡村自然环境相互融合，共计完成农户房屋、庭院风貌改造2 343户。目前，有6个村呈现出“白墙灰瓦坡屋顶，林水相依满庭芳”的江南水乡村景，有3个村呈现出现代田园别墅的时尚风情。

3.打造“乡风文明”软实力，谱写人和邻睦新乡韵

各示范村厚植乡土文化，结合自身特色，激活传统文化中的正能量，做到了既塑型又留韵，着力在3个方面下工夫。

（1）提炼文化符号

各示范村提炼体现乡土文化特色的符号和元素，将其运用在村标志、小品、墙绘中，保留乡村“原真、原味、原生态”。例如，吴房村挖掘梳理贤文化、美文化、旌义文化、吴房掌故等，生动展现地方乡土韵味（吴房村风貌，图1-3）；赵桥村

▲ 图1-3　吴房村

将名人贤达留下的笔墨以墙画形式印刻村头村尾，再现乡村历史文化。

（2）厚植农耕底蕴

9个示范村结合各自特色，开展村史馆建设、村志编撰、村歌谱写、村标识设计等文化建设，出版了《但说吴房》《革新村前身今世》等地情书籍，创作了《葵花向阳》《清清渡港河》等村歌，给传统文化赋予了时代精神。

（3）涵育文明乡风

各示范村注重建设文化广场、文化墙、文化客堂间等文化阵地，定期开展文化活动，推进移风易俗。例如，塘湾村成立驻村文化指导小分队，依托各村民小组布设的文化广场、农家书屋、农民课堂等，开展了“唱响塘湾”“书香塘湾”等文化沙龙活动，有效提振了村民的精气神（塘湾村风貌，图1–4）。

▲ 图1–4　塘湾村

4. 夯实“治理有效”基本盘，增添基层基础新亮色

各示范村通过党建引领振民心、为民服务暖民心、共建共享聚民心，乡村治理体系实现了3个强化。

（1）强化党建引领

各示范村共建立党建服务点17个，构筑“党支部—自然村—党小组—党员”4级党建网格，建立党员服务群众的“微网格”，及时倾听村民呼声，常态化开展宣传和群众服务工作。例如，革新村成立“联在革新”党建联盟，29家区域知名企、事业单位近百名“两新”党员志愿参与“益企进乡村”“义诊进革新”活动。

（2）强化服务能级

9个示范村共计建设各类公共服务用房67间，总规模3万平方米，公共服务空间较原先增加1倍以上，构筑了从中心到站点的家门口服务网络。同时，各示范村全面实现村干部“下楼”开放式办公，完成了阳光村务工程，全过程实现了村务公开、财务公开、党务公开。例如，向阳村利用AI技术构建“家门口”服务体系，通过物联网、大数据实现全村Wi–Fi覆盖、路灯控制、安防监控、空气监测、人群感知等智能应用目标（向阳村风貌，图1–5）。

▲ 图1–5　向阳村

（3）强化善治共享

各示范村通过编写通俗易懂的村规民约引导村民参与村庄建设和管理，从百姓家门口的事做起，发动村民参与示范村建设。例如，赵桥村搭建的妇女微家、互助睦邻点、老娘舅工作室，园艺村搭建的“乡居汇”自治小组等，都较好地激发了农民乡村振兴的主人翁意识。

5.播种“生活富裕”幸福果，顺应美好生活新期待

上海市的各示范村建设充分调动基层创造活力和内在动力，倾听农民心声，回应群众期盼，让广大农民有更多获得感，着力从3方面拓宽增收渠道：

（1）激活存量资源，增加财产收入

示范村中有7个村吸引社会资本开办乡村民宿，使农房的租金从按“间”算变成按“平方米”算，农民的年租金收入较原先可翻两番，由原先的3万元增长到10万～12万元。有的村则将土地经营权作价入股，实现农民变股民。例如，水库村97%的承包地完成入股，核心区承包地的招商流转价格翻了一番，使全村增加约110万元的土地收益。

（2）拓宽就业渠道，增加工资收入

各示范村既通过引入新产业新业态，增加服务型就业岗位，又鼓励村民创新创业，共同致富。例如，革新村为村民免费提供自产自销疏导点50个，引导村民制作传统特色小吃在古镇销售；塘湾村发展康养产业，预计可为全村新增就业岗位180人。

（3）培训生产技能，增加经营收入

上海市各示范村注重提高村民生产技能，通过引进专家开设“田间课堂”“首席技师工作室”等，对村民开展培训进修、技术交流，提升村民的经营能力。例如，园艺村聘请上海植物园盆景艺术专家，建立“艺园”盆景工作室，教授村民布局整枝技术，将绿化用黄杨改造成精致的盆景作品（园艺村风貌，图1–6）。

▲ 图1–6　园艺村

回顾一年多来的建设历程，上海市首批乡村振兴示范村建设之所以取得阶段性的成效，发挥了较好的示范引领作用，有4个方面的经验体会。

第一，高位推动是根本保障。一年多来，全市上下贯彻落实“五级书记”抓乡村振兴的要求，

将示范村建设作为年度工作重中之重抓实抓好。上海市委、市人民政府主要领导亲自部署、亲自推动，分管领导对示范村逐一考察指导。各涉农区均建立领导小组、指挥部、工作组三级组织构架，党政一把手亲自部署、谋划、推动示范村建设，实施挂图作战机制，以目标倒逼责任，以时间倒逼进度，销项式完成建设任务。

第二，部门联动是重要支撑。市、区各部门密切配合，通过完善政策机制、优化管理机制、落实扶持机制，同频共振推进示范村建设。市级层面制定了村庄规划导则、乡村振兴规划土地政策、民宿指导意见等政策，加大了示范村建设制度供给力度；深入推进"放、管、服"改革，采用勘察、设计、施工一体化的项目管理模式，简化审批流程，提高审批效率；建立"整合+奖励"扶持机制，将"四好"农村路、河道整治、污水处理、生态廊道、村庄改造等项目资金打包整合，并建立每村2 000万元奖励资金，鼓励基层主动作为。

第三，基层发动是坚实基础。示范村所属镇强密度、高频次、持续性开展村民宣传发动工作，引导全体村民从"要我振兴"到"我要振兴"转变。不少村干部率先垂范，自己动手整理家园、扮靓庭院，通过直观感受让村民发自内心地参与示范村建设，让示范村建设真正落地生根。

第四，村企互动是动力源泉。各示范村建设注重发挥市场专业力量在产业策划、村庄规划、景观设计中的重要作用，成立镇、村、社会资本平台公司，开展产业运营。各示范村在利用财政资金保障公共服务和基础设施建设的基础上，积极探索村集体经济组织利用土地、房屋等资源作为资本，与社会资本共同参与产业运营，构建村企利益共享机制和村民收益分享机制，变"输血"为"造血"，提升乡村经济发展的源动力。

三、启示与思考

上海市乡村振兴示范村建设是国际大都市郊区实施乡村振兴战略的有益探索，理应发挥其典型示范引领作用。因此上海市首批示范村建设中一些共性经验值得在第二批28个示范村建设中加以借鉴，使之实现新的突破，形成新的特色。

（1）应坚持注重策划先行、规划引领

乡村振兴既要目标明确，更要精准发力。上海市首批示范村建设坚持"不策划不规划，不规划不设计，不设计不施工"的工作思路，从乡村产业发展、村庄布局优化、乡村风貌提升，到人居环境改善、乡村治理深化、农民持续增收等方面都进行了系统布局，实现示范村建设谋定而后动。这是首批示范村建设取得成功的奥秘，必须在今后的工作中贯彻始终。

（2）应坚持注重产业谋划、科学定位

上海市首批示范村建设注重挖掘乡村多种功能和价值，聚焦重点产业，聚集资源要素，培育新业态，发展新动能，取得了较好成效。第二批示范村建设应继续坚持因地制宜、突出特色，激活要素、市场和各类经营主体，更好地培育一批承载乡村价值、体现乡土气息的产业，以乡村产业兴带动村庄人气旺，实现集体收入丰，避免出现因产业不兴造成示范村依旧老龄化、空心化等现象。

(3) 应坚持注重多方参与、良性互动

乡村振兴既需要政府高位推动，更需要发挥村民的主体作用，调动农民群众参与建设的积极性、主动性和创造性，避免出现“上热下冷”“干部干、农民看”的现象。政府部门应持续优化乡村营商环境，在工商资本融资、乡村人才吸引、资源要素配置等方面出台更具针对性的支持政策，吸引社会资本加大投入，发挥企业的专业和市场优势，撬动、盘活各类市场资源投入示范村建设。

(4) 应坚持注重软硬同步、协调发展

上海市第二批示范村建设应避免先硬后软的思维惯性，做到硬件软件同步谋划、同步实施。在做好农村基础设施建设的同时，加强精神文明建设，深挖乡村文化。要保持乡愁乡情和乡村风貌，建设青石板路、紫荆长廊、生态护坡等富有农村特色工程，避免出现农村建设成为城镇化的小区，缺乏乡村自然肌理等结果。

(5) 应坚持注重机制建设、政策供给

总结推广首批示范村建设的好机制：一要加强部门联动机制，同频共振推进示范村建设。二要优化挂图作战机制，以目标倒逼责任，以时间倒逼进度，销项式推进建设。三要强化项目管理机制，深化涉农领域“放、管、服”改革，优化乡村建设项目审批流程和环节。四要完善资金投入机制，加快涉农资金的统筹整合，创新财政资金投入方式，形成财政优先保证、金融重点倾斜、社会积极参与的多元投入格局。五要建立利益联结机制，聚焦生活富裕，拓宽农民增收渠道，提升农民获得感和满意度。

浙江·鄞州
YINZHOU·ZHEJIANG

鄞州原为鄞县，具有千年悠久历史。早在新石器时代的母系氏族公社时期，境内就有原始人类居住。约在原始社会末期，至迟在夏朝初，“鄞”已成为确定的地名。秦灭楚后，于公元前222年置鄞、鄮、句章三县。隋初三县合一，总称句章县。唐时改为鄮县。五代初改为鄞县。直至2002年4月，国务院批准撤销鄞县，设立为宁波市鄞州区，实行“区级体制、县级权限”。2016年9月，经国务院批准调整行政区划，奉化江以西9个镇乡(街道)划归海曙区管辖，奉化江以东区域与原江东区合并，成立新的鄞州区。2019年全区实现地区生产总值2 211亿元，增长7%，鄞州也成为全市第一个迈上“2 000亿元俱乐部”的区（县）市。全区居民人均可支配收入63 386元，增长8.8%，增速比GDP高1.8个百分点。其中城镇常住居民人均可支配收入70 074元，增长8.0%，高于全市平均0.1个百分点；农村常住居民人均可支配收入39 953元，增长9.2%，比上年高0.4个百分点，高于全市平均0.3个百分点。城乡居民收入比为1.75 ∶ 1。城镇和农村居民人均可支配收入总量均位居全市首位。

鄞州区是全国综合实力百强区排行榜（全国百强区）第4名；2019年度全国投资潜力百强区；2019年度全国绿色发展百强区；2019年度全国科技创新百强区；2019年工业百强区；2019中国最具幸福感城市（县级）；中国美丽乡村建设示范县；中国农村全面小康建设示范县；全国乡村治理体系建设试点单位；全国农村创新创业典型县等。

案例二

深化全域治理创新
探索乡村治理体系建设的“鄞州解法”

——浙江省宁波市鄞州区农业农村局

鄞州区积极探索以城带乡、城乡一体的现代化治理路子，创新提出全域治理理念，初步构建了党建引领，自治、法治、德治三治融合，共谋共建共管共享共评的“一核三治五共”治理体系。

一、背景与起因

乡村全域治理，既是国家治理的重要组成部分，又是国家长治久安的重要基石。对于加快实施乡村振兴战略、巩固党在基层的执政基础、建设充满活力和谐有序的乡村社会、不断增强广大群众的获得感幸福感安全感等具有重大意义。加强和改进乡村全域治理的原因如下：

1. 大政所指、国家战略

中央出台了《关于加强和改进乡村治理的指导意见》，系统提出“一个指导思想、两个阶段性目标、十七项主要任务”，明确要求“健全党组织领导的自治、法治、德治相结合的乡村治理体系，构建共建共治共享的社会治理格局，走中国特色社会主义乡村善治之路”。

2. 大局所定、鄞州实践

鄞州始终牢记和大力践行总书记的“湾底嘱托”，进一步更新乡村全域治理理念、优化治理体制机制，进一步聚焦治理难点痛点、创新治理思路举措，特别是以“基层治理创新年”为抓手，大力探索“一核三治五共”全域治理模式，先后召开了鄞州区全域治理研讨会、报告会，在北京举办乡村全域治理体系研讨会，举办全域治理全国论坛，发布全国县域社会治理指数。

3. 大势所趋、现实要求

鄞州“半城半乡”，随着城乡结构、人口结构、组织结构、利益格局、现实诉求等变化，传统的治理形态、治理模式、治理体系等面临系列新挑战，探索“以城带乡、城乡一体、全域治理”的现代化治理路子显得十分迫切。

二、举措与实践

“一核三治五共”治理体系具体到工作中，主要是做好“五全解法”。

1.党建全面引领

习近平总书记在给宁波横坎头村党员的回信中指出，实现乡村振兴，基层党组织必须坚强，党员队伍必须过硬。这次中央农村工作会议提出，要强化五级书记抓乡村振兴责任，发挥好农村基层党组织的战斗堡垒作用。按照总书记的要求，把党建下沉到一线，做到“万丈高楼平地起”。

（1）一线建强支部

坚持把下抓一级与上管一级结合起来，区委下抓一级到村社，每季度召开村社书记交流会，开展村社治理竞技赛；镇街下抓一级到网格，抓到“里弄长”“河埠长”，层层压紧压实党建责任，同时推行村社干部备案上管一级到区委，实行村书记队伍区级备案管理和联查联审，在浙江率先建立村书记“廉效激励金”制度。

（2）一线锤炼队伍

把机关年轻干部派到攻坚破难村、软弱后进村，全日制、全脱产担任第一书记，重点做好抓班子、抓项目、抓生态、抓实事等六项工作，同时实施基层墩苗磨砺、开展年轻干部交流。

（3）一线提振作风

“三服务”是浙江之治的关键一招。鄞州结合省市“三服务”，创新开展进农村、进企业、进社区，大走访、大接访、大回访“三进三访”活动，引导党员干部利用“周二夜学”，进村入户送信心、送政策、送服务、送点子、送措施、送关爱，对群众难事“解剖麻雀”、举一反三，做到小事不过夜、大事不过周。同时实行“三亮三考”机制，企业考干部、群众考干部、基层考部门，向不担当、不作为、慵懒散等现象亮灯、亮牌、亮剑，把评判权交给广大企业和群众。云龙镇上李家村党支部书记李德龙接听“书记一点通”热线见图2-1。

▲ 图2-1 云龙镇上李家村党支部书记李德龙接听“书记一点通”热线

2.治理全域覆盖

在精细化推进城市治理的同时，坚持重心下沉到乡村、服务拓展到基层，在治理空间上，覆盖农村社区与村庄、经济组织与社会组织等各类形态；在治理领域上，涵盖经济、政治、文化、社会、生态等各个方面，重点解决好"三个问题"。

（1）解决好"乡亲怎么富"的问题

以乡村振兴"十百千万工程"为抓手，大力推进十大风情镇、百个特色村、千里游步道、万亩农业园建设，在美丽乡村，发展全域旅游、美丽经济；在城郊乡村，实施土地流转金、股金分红、养老金、经营租金、劳动薪金"五金富民"；在薄弱乡村，实行"飞地"抱团发展，以基金引导、村企结对等方式，购买小微企业园的园中园，增加村经营性收入。图2–2为宁波市鄞州区上周村。

▲ 图2–2 宁波市鄞州区上周村

（2）解决好"乡村怎么治"的问题

针对农村"熟人社会"向"半生半熟社会"转变的趋势，大力激发基层首创精神。比如在熟人社会为主的农村，陆家堰村通过与村民约法三章，实行"契约式治理"；陈黄村通过一条直通书记的热线，实现大事小事"书记一点通"。比如在流动人口较多的半生半熟社会，实行出租房"旅馆式"管理，运用"互联网+"思维，联合住建、应急管理、公安、消防等部门，建立"房管通"信息化平台，对出租房实行入住登记、常态检查、分类监管，每家农户出租情况如何，扫一下家门口的二维码就一目了然。

（3）解决好"乡风怎么美"的问题

▲ 图2–3 乡村文化活动

注重发扬"千年义乡"的优良传统，推进"义乡鄞州"建设，建成全国首个慈善综合体"善园"，覆盖29个省市、筹款3 300余万元，获得中华慈善奖；注重以挥榜样的力量激励前行，以"最美系列"评选、家风家教建设培育乡村美德新风；注重发挥先进文化以文化人的作用，大力建设文化礼堂，同时积极探索文化礼堂市场化运行模式，最多的村一年可增加集体收入16万元。乡村文化活动见图2–3。

3.发动全民参与

浙江“枫桥经验”的重要一条，就是为了群众、依靠群众。鄞州始终坚持以人民群众为中心，充分发挥群众的智慧和力量，做到共建共享、共治共管、共同缔造。

（1）强化民主法治

云龙镇上李家村坚持法治为本，在全国先行开展共青团和青联组织建设、家事审判、未成年人一体化保护等试点，在浙江率先开展政协“请你来协商”、乡镇行政综合执法等试点，拥有国家级民主法治示范村社4 家，明伦村成为全国民主法治建设起源地。

（2）深化群众自治

学习借鉴象山“村民说事”等做法，创新建设说事长廊（图2–4），村里的大事小事让群众说、大家议、干部办，形成群众“点单”、干部“收单”、镇村“办单”、区里“督单”、群众“签单”的闭环解决机制；创新群众参与方式，以群众出资出力等方式，引导群众参与卫生保洁、新村建设等，比如联户自建新村，群众自筹资金比例约2/3；同时发挥村民负面道德清单、村规民约等约束作用，做到民事民议、民办、民管。

▲ 图2–4　云龙镇上李家村说事长廊

（3）优化社会共治

坚持党政社会共治、线上线下联治，在网上，创新“178”网络社会柔性治理模式，把主要互联网企业的20多个党组织、1 000多名骨干党员凝聚起来，对网络舆情进行及时有效引导；在网下，市区共建社会组织创新园综合体，村级社会组织服务中心覆盖率超50%，涌现了全国最佳志愿服务组织“小种子”公益阅读社等一批国家级志愿服务品牌。

4.致力全景打造

坚持串珠成链、以点带面，把“盆景”打造成“风景”。

(1)打造“最多一次”系列

“最多跑一次”改革是浙江走向全国的一张金名片。鄞州把“最多跑一次”延伸到服务群众领域（图2–5），创新老旧小区“最多改一次”、马路“最多挖一次”等“最多一次”系列，做到扰民“最多扰一次”。当前，鄞州正加快推动矛盾纠纷化解向“最多跑一地”延伸，在区级层面，建成总建筑面积超过7 000平方米、涉及16个部门的全域治理综合服务中心（图2–6为综合办事大厅），设立集信访受理、信访代办、纠纷受理、公证仲裁等于一体的一站式信访超市，信访网上代办、走访代办时间分别不超过7个、15个工作日；在镇级层面，推进“律云”工作站建设，由律师、公证员、人民调解员、心理咨询师等组成“律云”服务队，每个乡镇每年的诉讼件下降100件左右。

▲ 图2-5 “最多跑一次”

▲ 图2-6　综合办事大厅

(2)推进基层公权力“三清单”运行法城乡全覆盖

学习借鉴宁海小微权力“36条”等经验，建立基层公权力责任清单、权力清单、负面清单和运行流程图“三清单一流程”，实施范围从行政村向社区、合作社延伸，实现城乡全覆盖，并被写入省委全会《决定》；同时发挥村务监督委员会“村级纪委”作用，真正以“群众明白”还“干部清白”。

(3)把“老潘警调”标准推向全省全国

“老潘警调”，以全国模范人民调解员潘明杰名字命名，是“枫桥经验”在鄞州创新发展的典型。在区级设立“老潘警调中心”，镇设立“警调工作室”，形成“老潘+小潘”“远程+上门”“线上+线下”的工作格局，95%以上的110警情纠纷实现就地化解。图2-7为老潘警调中心。

▲ 图2-7　老潘警调中心

5.强化全盘保障

鄞州从推进乡村治理体系和治理能力现代化的高度，聚焦重点领域、关键环节，不断创新路径、优化机制、强化保障。

(1) 强化理论体系构建

浙江大学社会治理研究院宁波中心、中国小康建设研究会乡村振兴研究院先后落户鄞州，依托其平台，鄞州在北京等地举办全域治理研讨会，为《走向县域治理现代化》等理论研究提供鄞州素材，成功发布全国首个县域社会治理指数模型，区域治理理论研究也走在前列。

（2）强化政策机制创新

围绕“钱从哪里来”，把涉及多个部门的56个项目、8.3亿元涉农资金整合起来，做到“多个管子进水”“一个池子蓄水”“一把龙头放水”。围绕“地从哪里来”，率先争创浙江省高质量发展体制机制改革创新实验区，以全域土地综合整治为抓手，坚定不移打好农村土地成片流转、村级工业园整合、村级企业出村下山入园等组合拳，把低效地变成高产田。围绕“农业怎么扶”，在推行政策性农业保险的同时，创新金融支农惠农举措，如泰隆银行推出“乐农贷”“易农贷”等无抵押贷款模式，为乡村振兴铺就了“康庄大道”。图2-8为咸祥镇拥有的近万亩水产养殖基地。

▲ 图2-8　咸祥镇拥有的近万亩水产养殖基地

三、成效与反响

1.“一核三治五共”治理体系取得了良好成效

经过探索实践，鄞州乡村全域治理已从前期点滴实践的“量变”阶段，跨入成果集中转化的“质变”阶段。

（1）实现了从“点上盆景”到“面上风景”的全景式打造

创出了一批经验方法。划船社区“365社区服务工作法”、湾底村“幸福指数工作法”、陆家堰“契约式治理”、陈黄村“书记一点通”等品牌成为全市全省乃至全国典型。建成了一批长效机制。针对审批难，探索建立“微审批”平台；针对咨询难，推进“最多问一次”改革；针对小微权力监管难，推进城乡基层公权力“三清单”运行全覆盖，打造基层小微权力升级版，成为全国创新社会治理典型案例。

（2）实现了从“条线推进”到“整体联动”的全领域提升

社会建设体现高标准。网格覆盖率达到100%、行政村法律顾问覆盖率达到100%。公共服务体现高品质。获得全国首批义务教育发展基本平衡区、首批国家公共文化服务体系示范区、省首批卫生强区等荣誉；创新家院互融养老体系，基本实现村（社区）居家养老服务中心全覆盖。以“178”网络社会柔性治理模式为主的“网上枫桥经验”得到中央政法委的肯定；“老潘警调”成为司法部部级样板，制定浙江首个《警调衔接工作规范》，鄞州经验正上升为浙江乃至国家警调工作标准。

（3）实现了从“城乡有别”到“城乡一体”的全系统拓展

城乡建设同步提质。获评全省乡村振兴考核优秀单位，农村生活垃圾分类覆盖率达到

90.1%，获得全省农村生活垃圾分类处理工作优胜县(市、区)称号。城乡收入同步提高。2019年鄞州农村居民人均可支配收入达到3.99万元；集体经济收入超60万元的村占比达到100%，全年收入超千万元的村有61个。成为宁波唯一、浙江仅4家的全国农村创新创业典型区。

(4) 实现了从“党政为主”到“多元参与”的全组织协同

基层党组织引领有力。鄞州是全省基层组织建设先进区，划船社区党委、湾底村党委成为全国先进基层党组织，后进基层党组织实现滚动清零，基层党建工作连续多年全市第一。群众主体参与广泛。全区志愿者注册人数21万余人、志愿服务品牌百余个，“支教奶奶”周秀芳获评全国“最美志愿者”。

(5) 实现了从“激浊扬清”到“正本清源”的全生态优化

优良作风得到锤炼。大力弘扬“实干、担当、奋进”的新鄞州精神，深入开展“三进三访”“五夜六送”，“三服务”活动服务事项总数达到19 372个，协调解决问题22 307个，均居全市第一。探索村社“第一书记”选派，成为全省基层组织建设先进区。一线精准培育识别选用干部办法受到中组部肯定。淳朴民风全面塑造。连续举办“最美鄞州人”评选活动13届，涌现全国道德模范2名、中国好人17名，成为浙江省新时代文明实践中心建设试点区、浙江首个国家公共文化服务体系建设示范区。

2.“一核三治五共”治理体系的探索取得良好反响

鄞州被确定为全国乡村治理体系建设首批试点单位、浙江省社区治理和服务创新实验区、浙江省县域社会治理十佳区县（市），首次入选“中国最具幸福感城市”，并荣获“2019中国最具幸福感城市”。全域治理优秀案例《鄞州区基层公权力“三清单”运行法撬动全域社会治理创新》获评全国创新社会治理十佳案例，为全国探索乡村治理体系提供了“鄞州经验”和“鄞州模式”（图2-9）。

▲ 图2-9 祥瑞云集的海湾小镇

四、探讨与评论

“一核三治五共”治理体系走出了一条“对话式共商、多元式共治、清单式共管、契约式共建、普惠式共享”的新时代全域治理之路，特点鲜明。

1.“一核三治五共”治理体系坚持统筹布局，全面提升全域公共服务供给的品质

这是“点上治理”向“全域治理”转变的体现。针对城乡结合部数量增加，城中村改造任务加重的现状，统筹推进城乡有序治理和一体化发展，从整体和长远上满足了公共服务需求，提升了全域公共服务供给品质。

2.“一核三治五共”治理体系坚持创新引领，因地制宜推进政策实施

在政策推行过程中，因地制宜推动政策落地，不断创新工作方式方法，形成科学工作机制。根据村社实际情况，坚持科学方法论指导，以缩小城乡差距为目标，推动公平兼顾效率，通过创新性执行推动政策推陈出新。

3.“一核三治五共”治理体系加强党建引领，强化了基层组织保障

在推动全域治理过程中，重视党支部在基层治理中的领导作用，注重发挥党员的先锋模范作用，强化基层组织建设，切实把基层党组织服务群众、凝聚群众的作用发挥到位。巩固党在基层的执政基础，通过不断增强群众的获得感、幸福感和安全感来发动群众共建和谐有序的城乡融合发展之路。

4.“一核三治五共”治理体系充分发挥了群众的主动性

人民群众是城乡融合政策的直接受益人，在政策制定、实施、监督、反馈等各个环节始终坚持了人民群众的主体地位。能够有力发动群众以主人翁的精神自觉参与，充分表达社情民意、充分发挥创造能力，推动政策落地落实。通过体制机制的创新，让改革的成果更多、更公平地惠及全体群众。

下一步，鄞州将深入贯彻十九届四中全会精神、中央农村工作会议精神，特别是习近平总书记对做好“三农”工作的重要指示精神，以“当标兵、立潮头”的姿态，推进区域治理现代化，为全国乡村治理体系建设提供更多“鄞州解法”“鄞州样板”。

贵州·盘州
PANZHOU·GUIZHOU

盘州是由贵州省直辖，六盘水市代管的县级市，地处滇、黔交界，位于东经104°17′～104°57′，北纬25°19′～26°17′，东邻普安，南接兴义，西连云南省富源、宣威，北邻水城，是贵州的西大门，被誉为滇黔锁钥、川黔要塞。盘州历史文化悠久，民族风情深厚，境内有古人类文明遗址盘县大洞，古银杏、大洞竹海、乌蒙大草原3个贵州省级风景名胜区。

盘州被称为世界古银杏之乡，是云贵交通、能源、商贸、物流、旅游的重要节点，为毕水兴经济带的中心腹地。先后荣获全国最美生态旅游示范县、美丽中国示范县称号，是贵州省全国百强县之一。

截至2017年，盘州市下辖14镇6街道7乡，总面积4 056平方千米。2016年，全市地区生产总值520.19亿元，年末常住人口105.34万人，位列全国县域经济与县域基本竞争力百强县第74位。

2019年以来，贵州省人民政府正式批准盘州退出贫困县序列。入选首批国家全域旅游示范区，被评为2019年度全国综合实力百强县市。入选2019年度全国投资潜力百强县市、被评为2019年度全国绿色发展百强县市、2019年度全国新型城镇化质量百强县市、2019中国西部百强县市、全国乡村治理体系建设试点单位、全国农民合作社质量提升整县推进试点单位。

案例三

扎实推进“四村”建设 让海坝村从贫困到富裕的乡村振兴蝶变之路

——贵州省六盘水市农业农村局

六盘水海坝村位于全国乡村治理试点县——盘州市的盘江镇东部，全村辖11个自然村，15个村民组（15个网格），760户共2 718人，农业人口2 559人，劳动力1 732人。海坝是一个多民族居住区，域内有汉族、布依族、彝族、蒙古族、白族、仡佬族等7个民族，少数民族占总人口的25%。近年来作为国家美丽乡村标准化建设示范村，海坝村以乡村振兴为统揽，以党建为引领，以营造邻里和睦、和谐互助的文明风尚为宗旨，大力推进自治、法治、德治相结合的“三治”社会体系建设，成功打造了集经济发展富裕村、社会治理示范村、服务保障幸福村、文明和谐治安村“四村”合一的样板典型，使海坝村走出了一条西部贫困地区推动乡村振兴的蝶变之路。

一、背景与起因

在2015年之前，海坝村还是一个交通闭塞，靠天吃饭，住房破旧的贫困村，这里村民种的东西卖不掉，新的东西进不来，村民们的生活条件极差，整体人居环境脏乱差现象比较严重，房屋比较破旧，住房保障这一块几乎有1/3的人达不到要求。属于贵州省一类贫困村，因为贫困，人口外流严重，村庄有走向衰败之势。社会治安也不尽如意，打牌赌博等违法乱纪事件时有发生，喝酒闹事、打架斗殴等扰民事件屡见不鲜。

如何让海坝村从破败落后向文明富裕实现质的飞跃是当地各级政府重视和谋划的大事，2015年以来，在遵循规划和尊重群众意愿的前提下，该村按照美观、经济、实用的原则，依照山形地势、自然生态，以基础设施、房屋改造、村庄整治、产业发展、留住乡愁为主线，统一规划建设，打造“原生态”韵味的特色新家园。在扮靓家园的同时，按照“矛盾不上交、平安不出事、服务不缺位、乡村治理好”的工作理念，推动“社会治理靠大家，幸福海坝你我他”的社会治理创新，初步建成了“房前屋后不留渣、庭院内外果蔬花、讲究卫生精神爽、互帮互助促和谐、文明新风美名扬、农村不比城里差”的富裕、和谐、文明、卫生的新农村，实现了生态美与精神美的有机统一。图3-1为卡河水库全景图。

▲ 图3-1　卡河水库全景图

汗水浇灌收获，实干笃定前行。辛勤的付出让海坝村迎来了华丽蝶变。截至目前，海坝村已完成庭院硬化760户2.2万平方米，改造房屋主体775栋，串户路硬化2万平方米。实施改厕121个，建设公厕23个，改灶673个，改圈211个。绘制美德文化墙、民族风情壁画185幅700余平方米。目前海坝村贫困率为1.28%，下降了9.72个百分点，2018年海坝村农村居民人均可支配收入10 924元，比2015年增长了50.92%，成功实现了"两不愁三保障"，撕掉了贫困的标签。海坝村推动优秀传统文化融入乡村生活，表彰"十星级"文明户174户，进一步凝聚了道德力量，构筑起了风尚高地。2015—2017年海坝村先后荣获全省文明村、六盘水市民主法治示范村、六盘水市文明家庭创建评选活动示范社区（村寨）等荣誉称号。图3-2为海坝村农旅结合景区图。

▲ 图3-2　海坝村农旅结合景区图

二、举措与实践

1.深化“三变”（资源变资产、资金变股金、农民变股东）改革，建经济发展富裕村

六盘水是农村“三变”改革发祥地，是全国“三变”改革试验区，海坝村是“三变”改革试验区先行先试的典型代表。海坝村依托本地发展刺梨产业的机遇，海坝村组建村级合作社，以“三变+”为主要经营模式，通过土地、技术等要素入股刺梨、枇杷、樱桃等特色产业助力村民增收致富。

（1）统筹布局特色产业

利用独特的地理优势，根据海拔、土质等要素，因地制宜在不同海拔区位布局特色产业，在海拔较低的山脚种植樱桃、枇杷等精品水果；在海坝较高的山腰、山顶布局刺梨等产业，形成了科学合理的产业版图。海坝村支持村民采用“三变”模式将土地等要素入股开展集约化经营，培育农村经济新的增长点，着力夯实了村集体经济基础。目前，海坝村农业产业园建有刺梨标准化基地4 000亩、核桃1 000亩、樱桃650亩、五星枇杷200亩、软籽石榴168亩、蜂糖李100亩，打造了集生产、生态、观光、体验于一体的“百果采摘园”，实现了农业产业对全村760户的全覆盖。

（2）发展乡村旅游经济

依托卡河水库自然环境优势，在各项政策的支持带动下，海坝村瞄准乡村旅游这片“蓝海”，利用“三变”机制，盘活当地自然风光、民族文化等优势资源资产，相继建成了东湖码头、新民码头、大岔河布依风情广场、海坝彝族风情广场、老公山观光廊道等旅游基础设施，吸引外出务工人员返乡创业，农家乐、乡村旅馆等新产业新业态纷纷涌现。海坝村的外出务工人员也从2014年的495人下降到2018年的74人。

（3）共享产业发展成果

无论是推进特色产业，还是发展乡村旅游，海坝村始终将“三变”作为壮大农业产业实力和共享产业发展成果的关键一招。按照“三变”改革保底分红（每年400元/亩）+收益二次分配（园区85%、农户10%、村集体5%）的分红模式，推动园区、集体、农户形成利益共同体，汇聚合力共同推进海坝村农业产业规模化、标准化、集约化发展。2018年海坝村刺梨园区带动贫困群众稳定务工120人，通过卡河景区生态旅游解决困难群众就业岗位32个，海坝村入股农户分红160万元，村民人均可支配收入10 924元，比2015年增长了50.92%，村集体增加积累80万元。图3–3为海坝村群众入股分红仪式。

▲ 图3-3 海坝村群众入股分红仪式

2.强化党建引领，做社会治理示范村

利用“党建+”模式，以党支部引领和党员履职为抓手，通过党建引领、党员示范推动、精准考核推动和村民自治推动的“一引三推”工作法，海坝村将村环境卫生、产业发展与村民道德规范相结合，引领带动村民打造干净整洁、环境优美、宜居和谐的全市社会治理示范村。

（1）健全组织机构强基础

健全以村党支部为龙头，以支书、委员，村委会主任、妇联主席、团支部书记、村两委委员、协管员、民兵连长、文书、支部书记为主体，网格员为补充的组织机构，形成横向到边、纵向到底的组织体系，组织各成员各有分工，又通力合作，引导村民制定《海坝村“十倡导十不准”》行为规范，建立垃圾清运处理机制、积分考核激励机制、人民代表大会向选民述职制度等，全心全意解决群众身边的烦心事、揪心事，营造和谐文明新风尚。村党支部通过院坝会、网格会、村民大会等组织村民修改完善村规民约，针对少数不爱护环境卫生、不执行“门前三包”、喝酒闹事、打牌赌博等行为，对照行为规范通过扣除相应积分，兑现违约处罚，在组务公开栏曝光等方式予以适当处罚。

（2）健全责任分工强统筹

推行“支书全面抓+主任具体抓+网格员带头抓”的责任制，以网格为单位划分15个责任区，理出责任清单，制定了督查、评比、奖惩、问责、整改5个制度，将环境整治等工作成效纳入网格员管理考核范围，作为是否续聘的直接依据。通过明确的责任分工，严密的制度规范，海坝村的“村官”各个有了责任。

（3）健全示范带动强引领

开展“一带十”示范活动，即一个党员带动十户群众开展人居环境整治、参与乡风文明建设行动。党员带头入户宣传党的惠民政策，带头履行践行道德风尚承诺，带头打扫卫生，带头维护环境。通过示范带动，发动引领群众抓好“门前三包”，因地制宜开展庭院房屋改造、串户道路修缮、庭院硬化、花池菜园修建、道路绿化美化项目，自觉遵守村规民约（图3-4），主动践行文明操守，营造风清气正的良好环境。

▲ 图3-4 海坝村村规民约

3. 注重建章立制，谋服务保障幸福村

海坝村将回应村民诉求、解决群众难事，强化服务保障作为第一要务，建立一系列服务保障机制，切实提高广大村民的幸福感、满意度。

（1）建立村民财产及人身安全防侵害机制

绘制村民财产及人身安全防侵害报送、受理、处置流程图，利用板报、文化墙、法制教育等平台和形式强化村民财产及人身安全防侵害知识宣传。同时明确了网格员有责任也有义务协助指导被侵害人通过法律渠道及时依法维权。

（2）建立矛盾纠纷调解处理机制

及时发现矛盾，及时介入调解，发挥好法律法规、村规民约的约束作用。明确网格员、工作队、村委会、镇人民调解委员会等部门和人员的调解职能，对矛盾纠纷化解结果引入司法确认机制，避免事后反弹，确保了矛盾不出村、不出镇。

（3）建立信访事项处置机制

畅通书信、电子邮件、传真、电话、微信、网上投诉、手机APP和走访等反映信访问题的途径和形式，明确网格员、村支两委、镇政府、县信访部门在信访事项处置过程中的环节及权责，形成信访事项科学合理的处置路径。对缠访、闹访等行为，按照村规民约对相关人作出不享受“普惠股”分红等处罚。

4. 推进统筹联动，创文明和谐治安村

海坝村最大限度整合人力资源，明晰工作流程，强化统筹联动，为乡村治安、文明创建等工作提供最强保障。

（1）完善联防联治共管体系

建立了村民办事咨询可“三问”（网格员、行业主管、村两委）、对合作社产业、项目及资金使用执行“三公开”（党务公开、村务公开、社务公开）、村民巡逻发现“四件事”（外来人员、乱办酒席、违法建筑、地质灾害）必上报的处事反馈机制，其中对无法化解的矛盾、重大邻里纠纷、违法建筑、突发性紧急情况、乱办滥办酒席、外来企业或人员六种情况必须上报村、支两委，由村、支两委根据情况，依据处置流程进行酌情办理，最终实现政策有人宣讲、情况有人报告、困难有人帮助、责任有人落实、发展有人带动、矛盾有人调处、问题有人解决、管理有人跟进、动态有人把控、事态有人处置的“十有”目标。

（2）完善社会治安共管体系

镇党委牵头加强乡镇巡防建设，开展了以村“两委”为支撑、警务室和调解室为骨干、治安巡逻队为基础的“221”工程。依托民兵组织，在镇、村组建综治维稳[1]信息员、联防队、组织院落联防、山湾联防、水域联防，以治安联防带动文明联创、卫生联洁、应急联动、困难联帮、致富联带，实现生产互帮、生活互助、警民互动。

（3）完善文明行为共管体系

海坝村以群众大会（图3-5为海坝村精神文明建设群众大会）、网格院坝会、广播、黑板报等作为教育宣传的载体，结合全市开展“三送三促”（送政策、送技能、送文化、促素质、促脱贫、促发展）活动，因地制宜搭建乡村大舞台、开设农村文化大院，通过常演与巡演结合，组织举办社会主义核心价值观和传统道德文化教育，群众文艺作品展、群众文艺演出、民俗文化展演等活动。同时，开展包保领导，驻村干部带头进村入户开展乡风文明宣讲，村干部、网格员、环境监督员带头倡导道德文明风尚“双带双促”工作，实现村民文化素质和道德素质双促进。图3-6为海坝村黎家寨子村容村貌。

▲ 图3-5　海坝村精神文明建设群众大会

1. 综治维稳：社会治安综合治理与维护社会稳定工作两项工作的简称。——编者注。

▲ 图3-6 海坝村黎家寨子村容村貌

三、成效与反响

海坝村的社会综合治理让大家的获得感、幸福感、安全感不断增强，如今海坝村成为了远近闻名的“文明村”，群众的生活也变得休闲起来，农闲之余，大家聚在村中石桌凳上，或打牌、或织毛线、或聊天……温馨的画面胜过城市的休闲时光。村里已经连续5年没有发生过刑事案件，也没有偷牛盗马、打架斗殴、赌博酗酒等不良风气了。

（1）道德文明大提升

近三年来，海坝村通过文明创建，孝老爱亲、邻里互助、勤俭持家等文明风尚已经蔚然成风。总计表彰“十星级”文明户174户，推动优秀传统文化融入乡村生活，凝聚了道德力量，构筑起了风尚高地。

（2）守法意识大增强

利用开群众大会、院坝会、培训会等形式，将法律法规宣传教育融入到“平安海坝”“法治海坝”创建活动中，通过法制文化潜移默化的熏陶，海坝村村民素质得到质的提升，比守法、比敬老、比环境，诚实守信在海坝村蔚然成风。

（3）村容村貌大改观

通过美丽乡村建设，海坝村村容村貌发生翻天覆地的变化，主次干道绿树掩映、沥青道路宽阔畅通、家家户户干净整洁、新房老屋错落有致，人居环境改善的整村推进成效明显，促进了物质富与精神美的有机统一。

（4）乡村治安大进步

3年来，海坝村实现了零上访、零条网络舆情、无人参与非法活动等目标。海坝村的群众看在眼里、记在心里，有群众把海坝村现状编成了顺口溜：海坝村村规民约执行好，偷鸡摸狗的不见了；村村组组都学习，现在政策太好了；海坝村民的思想好，婚丧嫁娶帮忙都来了；村组干部讲政策，违章的酒席不见了；扫黑除恶整得好，违法乱纪的没得了。图3-7则是在这样好的环境下海坝村丰收的喜悦。

▲ 图3-7　海坝村——丰收的喜悦

四、探讨与启示

1.“三变”改革鼓了钱袋、富裕了集体

海坝村通过“三变”模式打造产业平台，带动群众增收致富。群众积极参与“三变”改革，获得保底分成+收益分红+务工收入+创业增收的四重收益，实现由“种植传统作物+家庭散养”向“产业工人+股东”的转变，有效增加了收入。村集体从“三变”改革中按比例获取分红，再拿出5%的收益作为“普惠股”奖优罚劣，激发了村民参与社会治理的积极性和主动性。村集体有了经济实力，在乡村社会管理、公共服务保障等方面有了更大的话语权和影响力，有效地将村民团结在一起共谋发展。图3-8为村民采摘樱桃。

▲ 图3-8 采摘樱桃

2."党建"指引了方向、明确了目标

党建是乡村善治的一面旗帜，建强基层战斗堡垒是推动乡村组织振兴的根本保障。海坝村能在三年多的时间里实现华丽"蝶变"，离不开党建引领方向，汇聚共识。通过健全工作体系，创新机制方式，实施"一引三推"工作法、"一带十"等示范活动，海坝村充分发挥了村、支两委在乡村产业发展、人居环境整治、社会治理创新、乡风文明建设等方面的组织引领作用，使党建成效真正转化为推动乡村全面振兴的治理能力。图3-9为海坝村邻里和谐之景。

▲ 图3-9 邻里和谐

3. “三治”稳定了人心、凝聚了力量

海坝村构建1名网格员联系10户群众的共管模式，开展评议公示，推动群众自觉维护好个人卫生和家庭卫生。推行网格化警务管理，在网格内配备1名民警和2名网格员，民警牵头、“两员”配合，按照“一岗六责、一专多能”原则，明确网格管理员的治安志愿者、“红袖标”队员、警务联络员、巡防队员、维稳信息员和纠纷调解员的“六个身份”，在工作中配合民警开展宣传教育、信息收集、矛盾调处、治安防范、安全监管和民生服务“六大职能”。联动建立环境卫生、社会治安和道德素质共管机制，引导群众自觉除陋习、树新风，营造互帮互助、互学互促的氛围，通过法治、德治、自治“三治”汇聚合力，共同打造美丽宜居的幸福家园。

4. “民主”促进了和谐、激发了创新

海坝村在人居环境整治过程中，实施“一户一策”，让村民根据自身实际情况进行庭院改造，改造庭院不追求整齐划一，不要求千篇一律。鼓励各家将拆下来的“四废”（废砖、废瓦、废石、废木）垒成风格各异、形状不同的花池树池，形成“家家户户花相似、庭庭院院景不同”的独特村韵，充分发挥了村民的积极性和主动性，做到了让群众“改自己的房、拆自己的墙、美自己的院”。

六盘水市农业农村局还带领广大农民大力发展猕猴桃、刺梨、茶叶、蔬菜、食用菌、中药材、生态畜牧、石斛八大特色产业，着力推进农产品精深加工和农旅融合业态发展，大力推广“龙头企业+合作社+农户”组织方式，让农民从产业链中获取务工、租金、分红等多重收益，农民增收路径进一步拓宽，走出了一条山地特色现代农业发展之路。

浙江·绍兴
OXING·ZHEJI
南方书店

绍兴，简称“越”，古称越州，是浙江省地级市，国务院批复确定的中国具有江南水乡特色的文化和生态旅游城市。截至2018年，全市下辖3个区、1个县、代管2个县级市，总面积8 274.79平方千米，建成区面积208.1平方千米，常住人口503.5万人，城镇人口335.33万人，城镇化率66.6%。

绍兴地处中国华东地区、浙江省中北部、杭州湾南岸，东连宁波市，南临台州市和金华市，西接杭州市，北隔钱塘江与嘉兴市相望，是长三角城市群重要城市、环杭州湾大湾区核心城市、杭州都市圈副中心城市。位于东经119°53′03″~121°13′38″、北纬29°13′35″~30°17′30″，属于亚热带季风气候，温暖湿润，四季分明。

绍兴已有2 500多年建城史，是首批国家历史文化名城、联合国人居奖城市，中国优秀旅游城市，国家森林城市，中国民营经济最具活力城市，也是著名的水乡、桥乡、酒乡、书法之乡、名士之乡。绍兴素称“文物之邦、鱼米之乡”。著名的文化古迹有兰亭、禹陵、鲁迅故里、沈园、柯岩、蔡元培故居、周恩来祖居、秋瑾故居、马寅初故居、王羲之故居、贺知章故居等。

2017年，绍兴市复查确认继续保留全国文明城市荣誉称号。2017年中国地级市全面小康指数排名第16位。2018年12月，被评为中国大陆最佳地级城市第7名，中国创新力最强的30个城市之一。2018年重新确认国家卫生城市（区）。绍兴市是“无废城市”建设试点城市。

案例四

大力推进“闲置农房激活”计划 促进乡村经济增长和农民就业

——浙江省绍兴市农业农村局

“闲置农房激活计划”，是绍兴市委、市人民政府深入贯彻中央乡村振兴战略、持续深化农村改革而创新实施的一项重大举措，实施3年来取得了显著成效。

一、背景与起因

伴随着城镇化进程，各地比较普遍地出现了农房闲置的情况，这既导致农村资源的浪费，又影响美丽乡村建设，还易产生安全隐患。2017年，市委、市人民政府在广泛深入调研基础上，充分认识到试点探索“闲置农房激活”具有深刻的时代背景和现实意义。

1. 中央有精神

党中央国务院高度重视“三农”工作，中央提出了全面实施乡村振兴战略的重大决策部署，要求推进农村产权制度改革，加快形成资源要素城乡双向流动的体制机制。

2. 增收有要求

当前正处于消除集体经济薄弱村、持续增加农民收入的关键期，通过挖掘农村土地、房屋等产权潜力，增加村集体经营性收入和农民财产性收入，无疑开辟了一条新途径。

3. 市场有需求

随着城乡二元体制打破和逆城市化推进，城市居民、在外乡贤回归农村、反哺农村、投资农村已成新常态，市场潜力巨大。

4. 激活有基础

据调查，全市待激活利用的闲置农房面积约476万平方米。农民已自发组织农房流转，村集体统一流转开发也有一定基础，但低小散、不规范、难成气候。

二、举措与实践

1.坚持试点先行与面上推开相结合

全市“闲置农房激活计划”实施3年经过2个阶段，即2017年柯桥区、上虞区先行先试阶段和2018年后全市面上推开阶段。2017年，柯桥区选择当时有近50%人员外出、40%农房闲置的平水镇岔路口村嵋山自然村作为第一个试点，引进乡贤成立绍兴刻石山文化旅游发展有限公司，开发建设“刻石山雅居”民宿和“刻石山飞拉达”攀岩等项目。上虞区立足“四季鲜果游”和虞南山区观光旅游开发，引进国有资本分别在丁宅乡上宅村芋艿湾、下管镇前溪岙村管梁激活闲置农房，按养老度假、亲子旅游、青年旅社等风格将其打造成中高端民宿。到2017年底两地试点均取得了改革突破和良好成效，积累了激活闲置农房的经验。2018年，绍兴市委、市人民政府出台《关于实施“闲置农房激活计划”的指导意见》，全市计划2018—2020年吸引100亿元社会资本，实施1 000个改造项目，激活1万幢闲置农房。图4-1为绍兴市闲置农房激活配套政策文件。

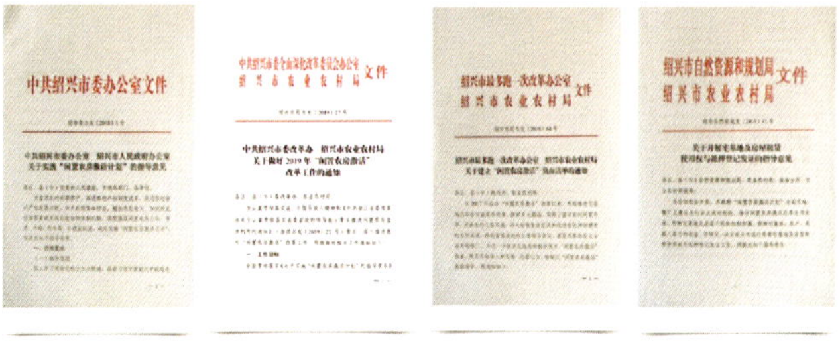

▲ 图4-1　绍兴市闲置农房激活配套政策文件

绍兴市召开“绍兴市‘闲置农房激活计划’新闻发布会”（图4-2），吹响全市全面推开该计划的号角。2019年绍兴市又印发《关于做好2019年“闲置农房激活”改革工作的通知》，明确“深入推进实施、加强宣传推介、完善激活机制、强化规范管理”的工作举措。市人民政府召开有250余人参加的全市“闲置农房激活”现场推进会暨闲置资源集中推介会（图4-3），更大力度、更广范围部署推进这项工作，着力打造“闲置农房激活”改革工作升级版。

▲ 图4-2　绍兴市“闲置农房激活计划”新闻发布会

2.坚持制度创新与工作规范相结合

绍兴市出台《宅基地及房屋租赁使用权与抵押登记发证的指导意见》，明确农村闲置房屋，在维护宅基地集体所有权和农户资格权的基础上，允许激活宅基地使用权和房屋使用权，实行使用权流转，全市已颁发租赁使用权证102宗、抵押14宗。绍兴市制定《闲置农房激活负面清单》14条，规定不得将违法建筑纳入激活计划、不得变相买卖农房和宅基地、不得下乡利用闲置农房兴办私人会馆，不得利用闲置农房从事非法活动，激活的闲置农房需符合民俗文化、传统历史建筑、文物保护要求，符合区域发展规划、村庄建设规划要求，符合生态环保、消防安全要求。制订《闲置农房激活合同（范本）》，规范合同租赁相关事项，明确租赁期限最长不超过20年。下发《关于发布闲置农房激活租金指导价的通知》，提出处理村集体、农户、承租方三者利益关系的指导意见，在充分保障承租方经营权的同时，科学合理制定宅基地、农房使用费收取标准，柯桥区平水镇岔路口村集体向承租方每年收取宅基地使用费5元/平方米，农户向承租方每年收取房屋使用费20～25元/平方米（附房10元/平方米、道地5元/平方米），同时村集体在承租人和农房所有人之间发挥"协调人""服务者"作用，扎实做好相关流转服务、基础设施配套等工作。

▲ 图4-3 全市"闲置农房激活"现场推进会暨闲置资源集中推介会

3.坚持平台支撑与宣传推介相结合

绍兴市组建村级农宅经营服务站或依托村集体经济组织，组织开展闲置农房资源摸排，建立闲置农房资源库，愿意流转出租的农房经过权属核实后，统一流转给服务站或服务网点进行招商推介，再由服务站或村集体与承租方签订闲置农房激活协议，在承租方和农房所有人之间加了一道违约"防火墙"。绍兴市修订《农村产权交易管理办法》，依托区、县（市）和乡镇（街道）农村集体产权交易中心，对农村集体闲置资源进行信息公开、流转交易、结果鉴证，形成"统一信息发布、统一操作规则、统一审核鉴证"。绍兴市设立闲置农房在线推介平台，先后建成上虞“乡路网”、柯桥“乡愁网”、新昌“共享小院”等公益性网站，实现闲置农房信息采集、审核、发布、竞价、交易等功能全部上线，3个网站累计推介闲置农房6 274幢、186.03万平方米，流转交易3 257宗、93.49万平方米。绍兴市实行政府专题集中招商、基层多批次单项招商和部门协同配合招商多措并举，制作“闲置农房激活”宣传片、微视频，先后赴沪深杭等地开展“闲置农房激活”专题招商，组织“乡村看房团”，结合水果节、美食节、文化节等活动，不断扩大社会知晓度、影响力，向乡贤、企业家、工商业主等代表推介资源、接洽项目，持续推进闲置农房激活落地见效。

4. 坚持组织领导与要素保障相结合

市委、市人民政府将“闲置农房激活”改革列入重点工作清单和乡村振兴实绩考核的重要指标，明确由市委、市人民政府分管领导挂帅，市农业农村局牵头，市级17个部门共同参与实施。市人民政府每年至少召开一次“闲置农房激活”改革推进会或现场会，部署工作，明确任务，落实责任。出台支持“闲置农房激活”的政策意见，将闲置农房激活点列入干部职工工会疗休养基地，享有干部职工刷卡消费资格待遇；对闲置农房激活取得明显成效的村集体给予财政奖补，如2019年对评选出的20个市级示范村，给予每个20万元的奖补；对重点激活项目实行“一事一议”，如新昌县沙溪镇为引进社会资本投资激活闲置农房，对涉及的道路、卫生等基础设施给予配套改善，助推项目顺利引进并投入使用。绍兴市贯彻“最多跑一次”改革理念，对激活中的农房确权登记、流转、利用等环节，推行“一站式”服务，让群众、企业少跑腿。加大金融支持闲置农房激活力度，设计“农宅贷”“驿宿贷”等专项金融支持产品，对重点激活项目开展“一对一”上门金融服务，全市银行已发放专项激活贷款1.1亿多元。图4-4为上虞区人民政府颁发首例宅基地及房屋租赁使用权证。

▲ 图4-4　上虞区人民政府颁发首例宅基地及房屋租赁使用权证

三、成效与反响

1."闲置农房激活"改革增添了新活力，取得了好成效

改革呈现出激活资源多样化、激活方式多样化、激活主体多样化、激活业态多样化的显著特点。截至2019年12月，全市已累计引进开发建设项目2 276个，引入社会资本54.27亿元，激活闲置农房14 447幢、255.49万平方米，增加村集体收入1.82亿元、农民收入2.59亿元，带动农民就业16 847人。

（1）实现了农房从单一业态向多元（样）业态的转变

立足资源禀赋，通过闲置农房+资本、+产业、+文化等，发展成民宿、农家乐、乡村旅游、养生养老、文化创意等多样业态，图4-5为上虞区设计师投资将闲置蚕茧站激活成为墨隐居。上虞区岭南乡东澄村、新昌县东茗乡下岩贝村依托优美的自然风光，激活闲置农房发展乡村旅游，先后被评为省级农家乐集聚村，成为了远近闻名的"旅游村""康养村"。据统计，全市依托农房激活加速农家乐（民宿）产业发展，年营业额已超20亿元。

▲ 图4-5 上虞区设计师投资将闲置蚕茧站激活成为墨隐居

（2）推进了村庄从"空心村"向美丽村的转型

结合"千村整治、万村示范"工程，通过修缮破损"闲置房"、整治散乱"空倒房"，村内无人居住、破败杂乱的房屋经过工商资本的投入和专业人员的设计改造，一跃从"空

心村”变成“度假村”，将“闲置房”化身“创作室”，众多偏僻山村一跃成为宜居宜业宜游的乐园。海归硕士肖磊投资1 000万元将新昌县沙溪镇生田村岩前自然村这个仅有13幢闲置农房的“空心村”打造成了英伦风光的乡野体验实验室——沙溪生田社。

（3）促进了村集体经济从弱到强的转化

农村闲置资源盘活利用和价值开发，成为村级集体经济和农民新的增收渠道，上虞区下管镇前溪岙村凭借“闲置农房激活”项目每年增加村集体经营性收入39.28万元。

（4）带动了人才从“流出”到“流入”的转换

闲置农房激活计划在引入资金、项目的同时，还吸引工商业主、乡贤、大学生等各类人才回归农村发展，全市通过闲置农房激活吸引返乡创业的人才已达1 433人。

2.“闲置农房激活”改革反响很好，复制推广持续推进

（1）全市推开

从2018年起，“闲置农房激活计划”已在全市全面推开，目前已从闲置农房激活向农村闲置资源全域激活纵深推进。

（2）全省推广

“闲置农房激活”改革经验列入浙江省26条经济体制重点领域改革可复制推广的典型经验之一。2019年3月26日省委全面深化改革委员会办公室《领跑者》第18期刊发《绍兴市‘闲置农房激活’改革为乡村振兴增添活力》（图4-6），袁家军省长批示“绍兴‘闲置农房激活’改革经验值得推广”，2019年4月省委深化改革委员会办公室下发《关于认真贯彻落实省委省政府领导批示要求推进闲置农房盘活利用的通知》。省内累计已有50多个市、县考察团前来学习取经。

（3）全国推介

新华社、人民日报、中央电视台、中国改革报等主流媒体多次专题报道，安徽、山东、福建、江西、江苏、河北等10多个省份500余人次来绍调研，农业农村部合作经济指导司张天佐司长专题考察并给予充分肯定，为全国开展农村闲置宅基地和闲置住宅盘活利用工作提供了可复制的“绍兴做法”。

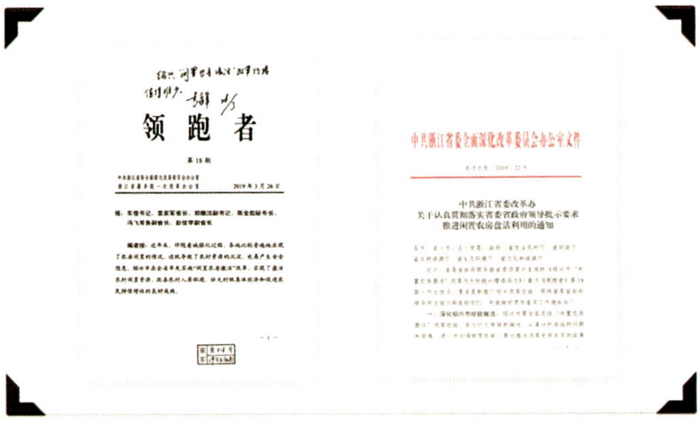
领跑者

第18期

2019年3月26日

中共浙江省委全面深化改革委员会办公室文件

中共浙江省委改革办
关于认真贯彻落实省委省政府领导批示要求
推进闲置农房盘活利用的通知

▲ 图4-6 省委改革办《领跑者》刊发，省委改革办发文复制推广

四、探讨与评论

"闲置农房激活"改革是绍兴市在实施乡村振兴战略中的重大创新举措，在打通城乡要素流动通道、完善农村产权交易制度、推进新时代美丽乡村建设等方面有探索、有创新、有突破、有成效（图4–7、图4–8）。

▲ 图4–7 绍兴市第一个闲置农房激活试点–柯桥区乡贤投资的刻石山雅居

▲ 图4–8 上虞区以创客众筹方式建设沐格山居精品民宿

1. 为打通城乡要素双向流动的体制机制提供了新模式

（1）找准了"闲置农房激活"这个切入点

吸引青年、乡贤回乡村和科技、资金进乡村，带动农村房屋、土地、山林、湖泊、文化、旅游等全域资源激活，形成工作协同、效应叠加。

（2）打通了闲置农房资源"从沉睡到唤醒"这个要害点

组织开展闲置农房资源摸排、整理、包装，开展政府专题招商、基层单项招商、现场"看房团"招商和纳入主题招商活动。设立闲置农房在线推介平台，实现闲置农房信息采集、审核、发布、竞价、交易等功能全部上线。

（3）抓牢了农村集体产权流转交易这个关键点

修订完善农村产权交易管理办法，建立健全农村集体闲置资源"信息公开、流转交易、结果鉴证、合同规范"的体系。图4–9为嵊州市黄泽镇总投资3 600万元打造的唐溪草庐。

▲ 图4－9　嵊州市黄泽镇总投资3 600万元打造唐溪草庐

2. 为宅基地“三权分置”及农房的财产权与使用权分离的实现形式开展了新探索

（1）制定宅基地及房屋租赁使用权登记办法

在维护宅基地集体所有权、农民资格权、使用权的同时，放活了宅基地及闲置房屋的使用权。

（2）推广宅基地及房屋租赁使用权抵押登记

颁发房屋租赁使用权登记证明，出台金融支持激活闲置农房实施办法，设计“农宅贷”“驿宿贷”等专项金融支持产品，承租方凭宅基地及房屋租赁使用权登记证书或“交易鉴证书”可向银行申请抵押贷款。

（3）出台农村闲置农房重建改建审批有关政策

对列入闲置农房激活计划并经产权交易鉴证、取得合法权源的农村住宅，允许重建、改建和局部移位，在保障村集体和农民权益的基础上，进一步激发了各方积极性。“越庄酒坊”见图4－10。

▲ 图4－10　绍兴市诸暨市同山镇500平方米的老破私塾由乡贤租下激活改造为古色古香的“越庄酒坊”

3. 为农村“空心村”改造和美丽乡村建设提供了新路径

绍兴市注重规划引领，遵循“规划－设计－建设”规范，加强与村落布点规划、村庄建设规划、土地利用规划相匹配，确保依法规范有序。以市场化理念打通城乡要素双向流动体制机制，吸引工商资本进乡村投资激活闲置农房、改造“空心村”，改善农村人居环境，有效解决“空心村”改造项目投入资金压力大、土地综合整治门槛高等问题。天姥山居·尚诗堂见图4−11。

▲ 图4−11 新昌县乡贤投资近6 000万元将闲置农房激活改造成为天姥山居·尚诗堂

山东·曲阜
QUFU·SHANDONG
萬仞宫牆

曲阜位于山东省西南部，面积896平方公里，人口65万，历史悠久，文物众多，是世界著名旅游城市、首批中国历史文化名城。曲阜是古代伟大思想家、教育家孔子故里。因为孔子思想文化对人类的巨大贡献，世人则把曲阜称为“东方耶路撒冷”。联合国教科文组织孔子教育奖颁奖、尼山世界文明论坛、世界儒学大会等文化盛典在此举办。曲阜拥有各级重点文保单位196处，孔庙、孔府、孔林为世界文化遗产，拥有国家级文化产业示范园、省级经济技术开发区、省级文化旅游度假区等产业发展平台，获得国家卫生城市、国家森林城市、国家园林城市、国家生态文明建设示范市、全国文化先进市、全国科技进步先进市等荣誉称号。

案例五
以新时代文明实践中心为载体推动乡村文化振兴

——山东省曲阜市农业农村局

建设新时代文明实践中心，是党中央立足全局、审时度势、着眼长远做出的重大战略部署。曲阜市作为首批试点单位，一年多来，紧紧围绕建设“红色殿堂、精神家园、服务平台、百姓之家”的目标定位，把新时代文明实践中心建设试点工作作为举旗帜、聚民心、育新人、兴文化、展形象的重要举措，作为进一步加强改进基层宣传思想文化工作和精神文明建设的关键一招，并进行积极探索，勇于创新，试点工作取得显著成效。

一、背景与起因

2013年11月，习近平总书记在曲阜视察时发出“大力弘扬中华优秀传统文化”的号召，提出了“使孔子故里成为首善之区”的殷切期望。2018年2月，中共中央政治局委员、中宣部（中国共产党中央委员会宣传部）部长黄坤明在曲阜调研时强调，要坚持以习近平新时代中国特色社会主义思想为指导，深入推进新时代农村精神文明建设，继承发扬传统美德，传承弘扬中华文化，让群众的文化生活更红火更精彩。曲阜始终牢记总书记嘱托，在中央和省、市领导的关心支持下，孔子博物馆、尼山圣境等文化项目迅速崛起，研学游、文化体验游等文旅产业加速发展，新时代文明实践中心等阵地建设让优秀传统文化加速融入群众生活，儒家文化已深深熔铸于这座城市发展的血脉中，并在不断地探索与实践中历久弥新、焕发生机。

二、举措与实践

2018年初，曲阜市成为全国首批50个新时代文明实践中心试点县之一。曲阜市委、市人民政府充分认识到，作为儒家文化发源地，做好试点建设工作是曲阜的机遇和责任。

1.强化领导，完善方案

曲阜市成立了由市委书记任主任、市委常委宣传部部长任副主任的市级新时代文明实践志愿服务中心和市级新时代文明实践中心办公室，市财政每年列支专项工作经费2 000万元，实现了“有机构做事、有人干事、有资金办事”。曲阜市也出台《关于开展“新时代文明传习中心”建设试点工作的实施意见》，提出了运用“讲、评、帮、乐、庆”等方式开展的新时代文明实践活动。出台《曲阜市新时代文明实践中心建设试点工作方案》，构建了“125558”工作体系，“1”即突出一个主题：围绕新时代、新思想、新农民、新生活的“四新”主题，把新时代文明实践中心打造成融思想引领、道德教化、文化传承等多功能于一体的城乡基层综合平台，实现筑造老百姓家门口的红色殿堂、精神家园、服务平台和“传播思想、实践文明、成就梦想”的百姓之家的目标；“2”即把握两个关键：一是作为“一把手”工程由市镇村三级书记亲自抓，二是以志愿服务为主要形式。“5”即①建设五大平台：理论宣讲平台、文化服务平台、教育服务平台、科普服务平台、健康服务平台；②突出五项重点：学习实践科学理论、宣传宣讲党的政策、培育践行主流价值、丰富活跃文化生活、持续深入移风易俗；③用活五种形式：讲、评、帮、乐、庆。“8”即建立八大队伍：理论宣讲志愿服务队、政策宣传志愿服务队、文明传播志愿服务队、文化惠民志愿服务队、青少年教育关爱志愿服务队、科普志愿服务队、法律志愿服务队、健康志愿服务队。

2.强化考核，完善路径

制定了新时代文明实践分中心（站）建设指导标准和考核办法，并把该项工作纳入意识形态工作责任制、经济社会发展规划和考核评价体系。首批选取文化资源和历史底蕴丰厚的孔子出生地尼山、孔子作《春秋》处息陬、孟子出生地小雪3个镇街、21个连片村先行试点。2018年7月，推进第二批20个试点村新时代文明实践分中心（站）建设，实现镇街试点全覆盖，并进一步扩大试点范围。目前，市级新时代文明实践志愿服务中心、12个镇级分中心、457个村级实践站（图5-1）、市级网上文明实践中心和“新时代文明实践中心”网站全部建成并运转良好。

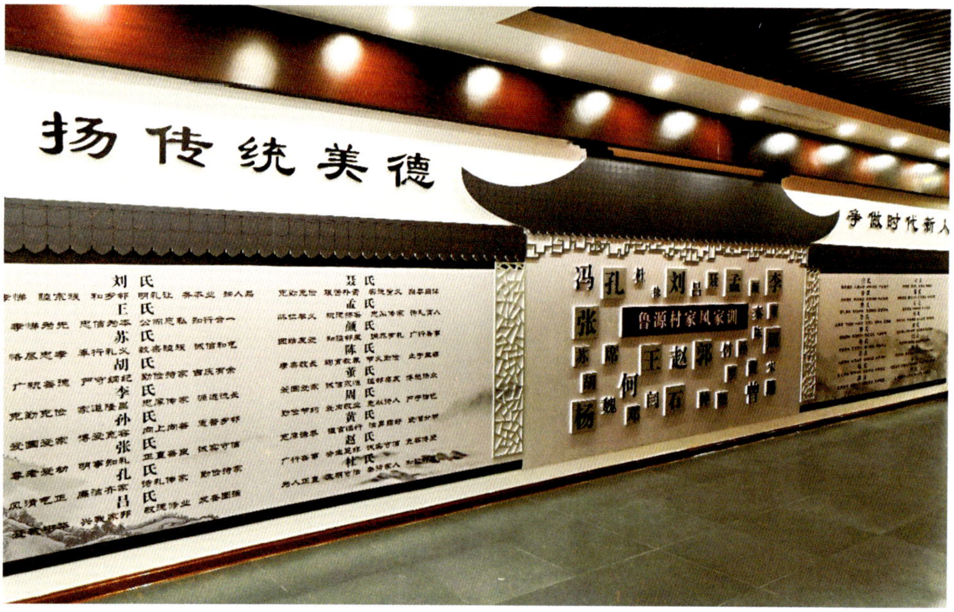

▲ 图5-1　鲁源新村新时代文明实践站

3.强化服务，完善体系

曲阜市成立了由市委书记和市长任总队长的新时代文明实践志愿服务总队，总队下设理论宣讲、政策宣传、文明传播、文化惠民、青少年教育关爱、科普、法律、健康八个类别的新时代文明实践志愿服务队，注册志愿者2 000余人。各镇、村参照市新时代文明实践志愿服务总队模式成立了本级志愿服务队，全市共有志愿者72 000余名。曲阜市依托村级新时代文明实践站和融媒体云平台摸清群众需求，由市级新时代文明实践志愿服务中心设计志愿服务项目，分级分类制定服务菜单，组织开展志愿服务活动，构建起市镇村贯通、供需对接的志愿服务网络，实现了群众点单、实践中心派单、志愿者接单，精准化、专业化、差异化服务。曲阜市先后编发文明实践专业教材16 000余份，运用“讲、评、帮、乐、庆”五种形式在全市范围内广泛开展习近平新时代中国特色社会主义思想和党的十九大精神宣讲、各项惠民政策宣传、先进典型选树、扶贫济困、群众性节日文化活动和移风易俗大宣讲等活动。

三、成效与反响

1.阵地建设全面达标

曲阜市坚持整合资源，杜绝大拆大建。镇级分中心通过改建、扩建、联建等多种形式，盘活镇街综合文化站等现有场所资源建设实践阵地，硬件上做到“九有”：一厅、一堂、一站、两室、三馆、一广场；村级实践站整合宣传、组织、文化、司法等场所设施，利用村委（居委）大院（图5–2）、村居综合文化服务中心或废旧仓库、厂房、闲置农家庭院等建设实践阵地，硬件上力求做到“七有”：一堂、一室、一站、一墙、两榜、一广场，鼓励建设一馆，即主题文化馆。镇、村两级新时代文明实践阵地软件建设做到“十有”：有统一标

▲ 图5–2　武家村文化大院

识、有阵地氛围、有管理人员、有章程、有制度、有活动计划、有活动记录、有成果展示、有书架报架、有意见征集。目前，全市所有镇街分中心建设达标，全市457个村级实践站建设基本达标，其中有近1/3的实践站为高标准实践站。

2.活动开展卓有成效

（1）活动运作实现项目化

按照“项目引领、活动在先，因事找人、人随事走”的思路，坚持“少而精、精而实”，精心设计，发布了“流动党校+”“母子传承国学”“孝善故事茶话会”“精神扶贫大讲堂”“幸福食堂”“乐和义工”“睦邻劝和”等50余个志愿服务品牌项目。

（2）活动开展实现常态化

创新开展党员划片定岗联户、一村一名儒学讲师、一村一名法律顾问、一村一名农技员、一村一医，进村入户讲理论、送政策、搞服务、传技能，日常实践更加灵活便捷。结合每月首个周六的全市新时代文明实践日、“我们的节日”和孔子文化节、百姓儒学节等重要时间节点，组织开展邻里饺子宴、百姓朝圣、美丽庭院创建等群众性活动，集中实践融入百姓生活。

（3）活动形式实现多样化

坚持定点实践与流动实践相结合，丰富内涵与拓展外延相结合，开展“砥砺奋进70年”宣讲、儒家文化“六进”、庄户剧团巡演等活动2 000余场次，评选表彰道德模范（图5-3）、曲阜好人、“好媳妇好婆婆”等先进典型1.3万余人，8万余人登上善行义举四德榜，20万余人参与全民免费健康查体，4 800人享受居家医康养服务。目前，全市12个镇街、457个行政村能够经常性地开展文明实践活动，全市已累计开展文明实践志愿服务活动达到1.3万余场次，受益群众达到100余万人次。

▲ 图5-3　表彰大会

3.群众反映普遍满意

（1）镇村干部的工作积极性被调动起来

干部自觉提升阵地建设水平，主动组织开展实践活动，创新实践方式。小雪街道武家村党支部书记创新设立“邻里互助、资源共享榜”，把村民长期闲置的生产生活工具和物品实现共享公用，深受村民欢迎。

（2）群众参与的主动性被激发出来

457个村均成立了生产帮扶、平安巡防、公益环保、防溺水救助等村民互助队伍，163个村自发举办了春晚、秋晚等联欢活动，42个村自发设立了文明实践互助基金。

（3）社会志愿组织快速发展

目前，全市志愿服务组织达164个，较去年增加44个，涌现出“圣城文化使者”、“杏坛飘香 · 爱心助学”等一大批优秀志愿服务项目。

4.群众满意度大幅提升

通过向5名不同镇街的干部、20名不同行政村的党员和农民(每村1名)、10名文明实践志者(每个志愿服务项目2名)征求意见，35名受访干部、群众一致对曲阜新时代文明实践中心建设给予高度评价，表示在搞好理论宣讲、做好基层群众思想政治工作的同时，丰富了群众的精神文化生活，破除了陈规陋习，为困难群众送去了温暖，提升了基层干部群众的素质，打通了宣传群众、教育群众、服务群众、凝聚群众的“最后一公里”。2019年，在曲阜召开的全省合作经济发展现场会和美丽乡村现场会与会人员分别参观了小雪街道武家村、尼山镇鲁源新村（图5–4）、息陬镇北元疃村新时代文明实践站，并给予高度评价。小雪街道妇女节文艺汇演见图5–5。在2019年济宁市群众满意度调查中，本市群众满意度位居济宁市第一名，这与新时代文明实践志愿服务活动的开展密不可分。

▲ 图5–4　鲁源新村尼山书屋

▲ 图5–5　小雪街道妇女节文艺汇演

四、下步推进措施

1.进一步加大硬件建设力度

曲阜市按照中央文明办新时代文明实践中心建设要求，对各镇街实践站做进一步完善提升，力争各镇街再建设一批高标准实践站，提升各镇街精品文明实践站的示范带动作用，实现全达标。

2.加大文明实践活动开展力度

针对当前“农闲、晚上”时段，注重开展文化夜场、理论宣讲夜堂，注重利用文娱前10分钟开展理论宣讲活动（图5-6）；注重与当前重点工作结合起来，将“不忘初心、牢记使命”主题教育常态化制度有机融入活动内容，增强活动的政治导向作用；根据《曲阜市新时代文明实践志愿服务活动责任分工手册》，组织各镇街、各市直部门单位和社会团体制度化、规范化、常态化开展实践活动，并定期通报开展情况。

▲ 图5-6 “文化迎春 艺术为民”服务基层活动

3.完善考评机制

推行志愿服务积分激励机制，充分利用活动积分激励志愿者，对于积分达到要求的志愿者在职称评聘、子女升学、就业、创业、个人信贷等方面给予优先支持；建立日常评价与年终考核相结合的评价体系，注重运用融媒体、定期考核等手段加大对各镇街建设实践站、开展实践活动的宣传和通报力度，将日常评价结果计入年终考核成绩；重点围绕阵地建设、活动开展、群众评价、加分项目等方面深化考核标准，注重提高“活动开展、群众评价”的赋分比重；加大结果运用力度，将新时代文明实践中心建设纳入意识形态工作责任制，提升在镇街党政领导班子和镇街年度考核中的赋分比重，并作为文明村镇、文明单位创建的重要依据。

河北·丰南
FENGNAN·HEBEI
运河唐人街

丰南区是河北省唐山市市辖区，位于河北省东部，地处京津冀城市群、环渤海经济圈腹地，地域面积1 288平方公里，辖15个乡镇、444个行政村，人口53万。丰南是中国近代工业的摇篮，工业基础雄厚，是华北地区重要的钢铁基地。丰南区共有264个村进行了美丽乡村建设，占有创建任务村庄的66%。2014年丰南区被评为“省级美丽乡村建设先进县市区”。4个村先后荣获省级“美丽乡村”称号。2018年，丰南区被河北省确定为农村人居环境整治全域完成示范县（区）。

案例六
全面践行“一线工作法” 精心打造唐津运河省级乡村振兴示范区

——河北省唐山市丰南区农业农村局

“一线工作法”是唐山市丰南区委、区人民政府深入贯彻中央、省、市关于实施乡村振兴战略的安排部署，加快推进乡村振兴示范区建设的一整套推进措施，创造了“丰南速度”和“丰南样板”，为全省乡村振兴工作树立了标杆。

一、背景与起因

为探索乡村振兴路径，示范带动全省乡村振兴工作整体提升，河北省委、省人民政府决定在全省设立13个省级乡村振兴示范区。其中，丰南区唐津运河乡村振兴示范区位于丰南区西部、唐津运河4A级生态旅游度假景区沿线，包括唐坊镇、东田庄乡2个乡镇和1个现代农业园区，共有26个行政村。示范区内水系众多，生态环境良好，但是村庄基础设施落后，人居环境脏乱差，公共服务体系薄弱，产业发展单一滞后，与示范区创建标准相差很大。如何高质量完成示范区创建任务，实现示范区翻天覆地的变化，成为摆在丰南区委、区人民政府面前的一道难题。为此，丰南区委、区人民政府全面践行“一线工作法”，凝心聚力，攻坚克难，全力推动唐津运河乡村振兴示范区创建工作。

二、举措与实践

1.统一思想在一线

坚信只有思想的统一，才能引领行动的统一。

（1）学习贯彻中央1号文件

丰南区区委、区人民政府把农业农村优先发展做好“三农”工作摆在突出位置来抓，2019年整合各类资金1亿元支持示范区建设。

（2）“六下江南”学习浙江

丰南区组织区直、乡镇、村级干部，6次赴浙学习考察乡村振兴经验，深刻体会习近平总书记提出的乡村振兴“20字”方针，学习浙江“一张蓝图绘到底，一任接着一任干”的实干精神，学习承认落后又不甘落后，撸起袖子，奋起直追的精神。

（3）突出重点打造样板

依托唐津运河生态旅游度假景区（4A级），对第三景区沿岸的5个村（东田庄乡王打刁村、崔庄户村、宋庄子村，唐坊镇孔家庄村、孙老庄村），统一规划，联村创建。丰南区的美丽风光见图6–1。

▲ 图6–1　美丽风光

2.科学规划在一线

坚持规划引领，丰南区聘请了天津大学规划设计研究院等3家单位进行规划设计，先后进行6次研究讨论，广泛征求镇村意见。

（1）三级规划融为一体

将全域规划、片区规划、示范村规划紧密融合，因地制宜、因村制宜，划分轻重缓急，分层分步实施。

（2）彰显特色打好“文旅牌”

充分挖掘文化、运动、旅游等资源优势，确立了“一河贯穿、三线合一、五村联建”空间构想。一河贯穿，即沿25公里唐津运河由北向南，贯穿第一、第二、第三景区，依次为惠丰湖—唐人街—运河十里—滨河小镇—惠丰农业示范区—康泽园—药田花海—百草园—药王寺；三线合一，即依托全程25公里的唐津运河景观路线，规划新建半程马拉松路线和骑行健走路线；五村联建，即示范区内的王打刁村、崔庄户村、宋庄子村、孔家庄村、孙老庄村，同步规划、同步创建，交相辉映。

3. 聚焦难点在一线

针对农村基础设施薄弱的现实情况，丰南区与“五清三建一改”行动同步，确定“拆、清、改、治”打“前锋”，利用1个多月时间，将工作面全部打开。拆干净，将唐山大地震后形成的临建、违建、危房和户外厕所全部拆除，一处不留；清四致，清除房前屋后的柴草垃圾，卫生保洁全面推行市场化；改彻底，率先高质量完成改厕任务，覆盖率100%，公厕水冲化，户厕采用双翁式和格栅式，建立了市场化管理机制；治到根，对村内坑塘沟渠实行村管制，全部清淤改造后，落实科学管护（图6–2）。

▲ 图6–2 人居环境

4. 紧盯关键在一线

（1）坚持多快好省

丰南区严格控制预算，采取“上级补一点、本级投一点、企业帮一点、乡村筹一点、群众出一点”措施，动员全区，昼夜奋战，合力攻坚，全面争先。丰南区提倡村级自采建筑原材料和群众出工出劳，最大限度节省开支。

（2）讲究“排兵布阵”

丰南区坚持先地下后地上，实施雨污分流工程，铺设地下管道，生活污水集中处理，自来水24小时供水，同时实施弱电入地工程，有效解决农村的“天罗地网”难题。坚持硬化、绿化、亮化、美化超前安排，进一步提升道路硬化水平，村内主路为柏油路或混凝土路，辅路铺设便道砖，做到整齐划一。主房实施保温节能改造，墙体吸收浙派元素，尊重农民意愿，进行统一改造。村庄主路两侧建小花园，辅路两侧建小菜园，村口节点和村内空闲地建小果园、小游园，实现三季有花，四季见绿。村庄亮化推广安装LED节能灯。充分挖掘历史文化，在关键节点设置文化墙，提升文化品位。坚持“既要面子又要里子”，开展“五美庭院”创建活动，80%家庭达到美丽庭院标准，20%家庭达到精品美丽庭院标准，统一授发标识门牌，落实以奖代补（图6—3则为美丽庭院示范街）。

▲ 图6—3　美丽庭院

（3）**优先发展产业**

丰南区依托区位、资源、产业优势，重点培育“种养+”模式，形成主导产业，辐射带动50%以上农户增产增收，农民人均纯收入增长不低于10%。在每个村至少发展1家电商。积极探索“1+X”康养体系建设，如“康养中心+医养一体+互助养老+民宿+安养院”等。

（4）**推进垃圾治理**

丰南区按照“市场化、分类、收集、处理”四个步骤来推进。实行农村垃圾治理两级市场化运作，即清扫和收集由乡镇负责，清运和处理由全区统一管理运营。探索生活垃圾分类，开展宣传发动、小手拉大手行动。借鉴先进地区经验，联村设立建筑垃圾填埋点，实现有序填埋，表层苫盖；生活垃圾按照户2桶（可腐性垃圾、可回收垃圾及其他）、街3桶（可腐性垃圾、可回收垃圾及其他、有害性垃圾）、村1车（清运车）1队（保洁队伍）进行标配。图6—4为美丽街道。

▲ 图6—4　美丽街道

5.“六个同步”在一线

一是班子建设同步，示范村全部达到红旗党支部标准，提升村达到五星党组织标准。二是集体经济同步，示范村集体经济年收入达到10万元以上，且年均增长不低于10%。三是脱贫攻坚同步，千方百计增加收入，建档立卡贫困户100%达到“两不愁三保障”；脱贫不脱责任、政策、帮扶和监管，100%实现不返贫；新发现的特殊困难户列入边缘户管理，100%做到不增贫。四是村务管理同步，学习枫桥经验，在每个村推行文化礼堂、村规民约、家训、村歌等形式，组建调解员、志愿者、文艺宣传队伍。五是为民服务同步，每个村建立便民综合服务站，解决“最后一公里”问题。六是复制推广同步，通过打造样板，以示范带提升，对其他提升村按照“干干净净、整整齐齐、和和美美”标准来打造。图6-5则为美丽广场。

▲ 图6-5 美丽广场

6. 作风检验在一线

（1）坚持党政齐抓

丰南区区委、区人民政府主要领导每周一次现场办公，把方向、鼓干劲、督进展。区委、区人民政府明确3名县级领导具体抓，每天早晨6点前入村开展工作，风雨不误，发现和解决具体问题。22家区直单位各司其职、不等不靠，定标准、抓规范、增亮点。乡镇党政一把手分别负责一个村的创建工作，立下“军令状”，成立工作专班，与农业农村局派驻的工作组、督导组一起，“五加二、白加黑”，联合作战、求精求细、不出差错。

（2）注重宣传引导

把“入户拉家常”作为常态，听取群众的意见和建议，调动广大干群的激情和干劲，在每村设立“好人榜”，弘扬正能量，激发村民变“要我干”为“我愿干”，先后涌现出大量捐树捐物、义务出工、自拆自改优秀典型。

（3）要求干净干事

强化全过程监管，把好关键节点，走好每道程序，保证不误事、不出事。发挥村级老党员作用，强化工程质量监督。实行集体决策，公开透明，保证用好每一笔资金。强化资金使用的事前、事中、事后的监管，确保项目资金使用安全。

三、成效与反响

“一线工作法”创造了“丰南速度”，打造了“丰南样板”。唐津运河乡村振兴示范区从立项、规划、建设到验收历时约10个月，累计完成投资约1亿元，系统实施了农村人居环境整治、农业产业发展、精品旅游线路建设、村庄治理、乡风文明提升等多项工程，发生了翻天覆地的变化，这些变化集中在以下几方面。

（1）农村人居环境发生了巨变

乡村振兴示范区创建活动前，村庄垃圾随处可见、厕室苍蝇乱飞、生活污水乱泼乱倒、村内街道严重破损、违章建筑比比皆是、村内养殖场臭气熏天。乡村振兴示范区创建活动后，生活垃圾处理实施了市场化运营，统一由物业公司负责清扫保洁，厕所全部进行了无害化改造，生活污水利用新建的小型集中处理站进行统一收集处理，达标后排入沟渠进行综合利用，对村内街道进行了修缮提升，村民出行条件极大改善，并且实施村庄绿化、美化工程，街道两旁绿树成荫、鲜花盛开，房屋白墙灰瓦、整洁有序，公园里亭台连廊、美不胜收，广场上体育器材一应俱全。

（2）产业发展方式发生了转变

乡村振兴示范区创建活动前，示范区主要以棉花、辣椒等传统产业为主，产业链延伸不够。乡村振兴示范区创建活动后，丰南区一方面发展了林果种植、肉牛养殖等特色产业，建成了千亩桃园和规范化的养殖小区，优化了农业产业结构；另一方面，依托示范区区位优势，建设了500亩药田花海、80亩百草园，连片示范种植中草药，打造了大地景观，规划设计了半程马拉松路线和骑行步道，吸引周边越来越多的城市居民到示范区进行观光休闲，促进了当地果树采摘、休闲垂钓、农事体验、农家乐、民宿等产业发展，实现了农旅融合发展。

（3）乡风文明发生了嬗变

丰南区示范村组织创作村歌，村表演队自发编排歌舞。征集家风家训，作为文化墙的重要组成部分。开展美丽庭院创建、居家创业、庭院绿化美化、中草药种植、菜园花园打造、妇女手工等农民培训，有效提升了农民的文化科技素质。深化拓展“善行河北 · 德化丰南”主题道德实践活动，建设好人一条街、善行功德榜。每个村建立村规民约，作为村民的自治规范，同时丰南区重视法治宣传，建立了法治教育“小游园”，乡风文明建设不断植入新的元素。

浙江·海盐
HAIYAN·ZHEJIANG
绿水青山就是金山银山

海盐县位于杭嘉湖平原东缘，濒临杭州湾，以“鱼米之乡、丝绸之府、文化之邦、旅游之地、核电之城”著称。县域总面积1 072.63平方公里，常住人口约55万。近年来获全国县域数字农业农村发展水平评价先进县、全国营商环境百强县、国家级生态示范区等殊荣。

海盐因“海滨广斥，盐田相望”而得名，是马家浜文化、崧泽文化和良渚文化的发祥地之一，是联合国地名专家组认定的“千年古县”之一，孕育了干宝、顾况、杨梓、张元济、张乐平、黄源、步鑫生、朱乃正、余华等一大批文化名人。

案例七

推广土灶“柴改电”
用绿色清洁能源助力乡村振兴

——浙江省嘉兴市海盐县农业农村局

“土灶‘柴改电’推广清洁能源”措施，是海盐县委、县人民政府纵深推进中央乡村振兴战略、不断深化农村改革而创新实施的一项有力举措，节约了能源、方便了群众、保护了生态，该项措施一经推广即获得显著成效。

一、背景与起因

雪水港村是时任浙江省委书记、省人民代表大会常务委员会主任习近平同志在海盐开展主题调研宣讲活动时，提出“三个示范”要求的发源地。国家电网浙江海盐县供电有限公司深入贯彻落实“不忘初心、牢记使命”主题教育活动精神，坚持以人民为中心的发展思想，坚持“人民电业为人民”的企业宗旨，结合雪水港村美丽乡村升级改造，高标准、高质量推进“乡村振兴·电力先行”示范区建设（图7-1），将雪水港村打造成“全电村”“不停电村”，让城乡老百姓达到同样生活品质与享受同样用电质量。

▲ 图7-1　雪水港村“示范”标语

二、举措与实践

1.推动乡村电网提档升级

海盐县在示范区建设现代一流配电网，提升电网“全停全转”能力；建成“全面取消计划停电”示范区，实现业扩不停电接火；拓展便携式储能发电机应用场景，有效降低用户停电感知；服务乡村绿色发展，推进绿色照明、绿色发电。

（1）高质量建设现代农网

推动建设与现代农业、美丽宜居乡村、农村产业融合相适应的新型农村电网。加快建成目标网架，做到线路走廊一次落实、导线截面一次到位、线路杆塔一次选定，实现配电网规划与乡村发展高度契合。落实“质量强网”要求，强化对设计源头的把控、对设备质量的管控，推广配电网标准化定制设备应用，打造坚固耐用的农网。推进电网建设与美丽乡村目标融合发展，“线杆融景、变台为景”，消除乡村“蜘蛛网”，高标准打造“绿野仙踪”精品台区带。

（2）加强农网精益运维

打响“基础管理阵地战”“坚强配网推进战”，树立“不停电就是最好的服务”理念，落实精益管理、精细作业要求，以设备主人制为抓手，突出热点设备管控，推动检修作业向“带电检测、不停电作业、综合检修”转变。海盐县示范区域内，用户接入、工程建设等全面开展不停电作业。持续提升带电作业装备水平，强化带电作业人员队伍建设，提升带电作业能力。综合应用带电作业和旁路作业车、便携式储能发电机等技术手段，降低用户停电感知。

（3）服务乡村绿色发展

积极支持示范区分布式光伏等新能源发展，畅通接网绿色通道，做好分布式电源接网服务，主动承担居民分布式光伏项目代备案工作，做好上网电费和补贴代发放工作，促进乡村分布式新能源利用和消纳。推进雪水港村村道配套绿色照明，建设集照明、230通信微基站、宣传灯箱、视频监控、Wi-Fi于一体的综合路灯杆，改善基础服务设施，提升景区服务品位。在电网测试点建设小容量预制舱式储能系统。

2. 提升农业生产电气水平

海盐县积极拓展农业领域电气化水平，全面推广农业领域电气化大棚（电保温、电喷淋、电排灌）、粮食电烘干、电炒茶、畜牧（水产）养殖示范基地、农业科技创新基地、休闲农业及乡村旅游示范基地，打造典型示范项目。

（1）服务农业生产领域升级

海盐县依托示范区茶叶、水稻等特色优势农业产业，大力推广农田机井电排灌、农业大棚电保温、电喷淋；推进茶叶全电清洗、炒制、分级。海盐县重点打造北山北农场全电农业现代示范基地、马鞍岭林场全电茶园等示范项目。

（2）服务农产品仓储加工升级

海盐县大力推广示范区农作物田间脱粒、电烘干、电加工等技术，重点做好粮食初加工领域电气化水平提升，助力农产品多层次、多环节转化增值，拓展农民增收致富空间，重点打造嘉兴华勤果蔬食品科技有限公司“全电化”豆芽菜生产流水线。

（3）服务休闲农业及乡村旅游升级

海盐县大力推动“休闲农业游、自助采摘游、乡村观光游”发展，全面融入电气化元素，推动“幸福家院”四合庭院、“雪水客厅”实施全电化改造，推动建设全电农家乐休闲示范点。

3.推进实施综合能源服务

海盐县发动厨房电气化革命，推动农家土灶“柴改电”、煤气灶“气改电”；持续开展“电网连万家、共享电气化”主题活动，买家电、送红包，提升农户家庭电气化水平；配套建设电动车充电设施。

（1）推动厨房电气革命

海盐县总结农村土灶“柴改电”试点经验，深度挖掘示范区电能替代潜力，因地制宜推广土灶“柴改电”、煤气灶“气改电”、流动电灶、厨余垃圾电粉碎，促进乡村传统烹饪用能习惯转变，实现核心区域全覆盖，全年新增电器设备功率500千瓦以上。图7–2为土灶改造现场。

▲ 图7–2　土灶改造现场

（2）推介智能家居销售

在乡村振兴展览馆开辟电器产品展示体验区，重点展示“智慧制造·孵化中心”研发推广的全电厨灶系列产品，为游客提供线下体验，线上下单的“新零售”服务，增强产品知名度，提升“电去哪儿了”品牌价值内涵。

（3）推进乡村绿色生态

与地方政府积极对接，推进电动车充电网络布局向乡村延伸，畅通居民个人充电桩报装“绿色通道”，为居民充电桩提供“一站式”报装服务，打造绿色出行。在雪水客厅停车场配套建设“e精灵”便携式充电桩。图7–3为全景图。

▲ 图7–3　全景图

4.强化乡村供电服务保障

海盐县打造一支“一懂两爱”农电服务队，强化新型业务培训，提高服务响应速度便捷程度。全面完成“全能型”乡镇供电所建设。

（1）深化“全能型”供电所建设

海盐县健全农村地区网格化、片区化供电服务模式，培养懂农业、爱农村、爱农民（“一懂两爱”）的专业化队伍。加强服务前端能力建设，将供电所打造成“客户有需求，所长一声哨，部门来报到”的全资源要素主体，全面实施“一口对外”供电服务。

（2）打造专业化乡村供电服务团队

海盐县大力推进乡镇供电所员工素质提升工程，以移动作业终端、供电所实训室为载体，以“三个经理”为培训重点，强化电能替代、综合能源服务等新型业务培训，提升渠道、产品推介能力，打造专业化服务团队。

（3）强化“互联网+”营销服务

海盐县深化“互联网+”办电成效，深化移动作业终端应用，加强“掌上电力”推广，做好“综合能源服务营销助手”落地试点，全面提升台区经理快速、精准响应客户需求能力建设。

5.强化党建引领红船服务

海盐县坚持党建引领，建立“党建+乡村振兴”模式，与省客服中心支部结对，强化党建引领乡村振兴责任落实。开展党员“红船·电力义工”活动。

（1）开展结对帮扶共建行动

海盐县坚持把党建引领作为推动乡村振兴的根本保障，建立“党建+乡村振兴”工作模式，与省客服中心支部结对，强化党建引领、振兴责任落实，打造过硬基层带头人队伍。

（2）开展“红船·电力义工”活动

海盐县深化红船党员志愿者服务，开展“安全用电，你我童行”“芯系老人”等“红船·电力义工”活动。加强农村用电安全宣传，构建和谐用电环境。

（3）开展乡村振兴示范行动

海盐县按照“三个示范”要求，围绕党建美、生态美、生活美、田园美、家园美“五美”建设要求，助力示范区建设。

三、成效与反响

1.责任驱动，实现“五方共赢”

可以说，雪水港建设“全电村”的社会责任根植项目，实现了“政府部门出资、村委会统一处置、生物质厂家上门回收、供电部门改造安装、老百姓直接使用”五方受益的良性循环，做到了政府和村委会放心、群众满意、生物质厂家拓展渠道、供电部门增供扩销，创造了利益相关方共赢的局面，是社会责任根植的有力体现。图7–4为责任根植前后变化。

责任根植前后变化

利益相关方	责任根植前	责任根植后
政府部门	1.禁用“农家土灶”实施难度较大； 2. 乡村旅游活力不足； 3.土灶黑烟严重污染环境。	1.保留农家土灶，群众拥戴； 2.农家乐特色旅游吸引游客，乡村旅游如火如荼； 3.美化乡村环境，提升空气质量。
村委会	1.柴垛大量囤积，存在消防隐患； 2.柴垛堆放占用村庄公共用地，影响村民出行。	1.消除消防安全隐患； 2.村庄干净整洁、道路两旁没有柴火，村民出行安全便利。
农村居民	1.厨房被熏黑，影响美观； 2.熏黑的灶头画失去美感，不能吸引游客； 3.禁用“农家土灶”后，需要购买电器炊具，花费不小； 4.一人很难独立下厨。	1 厨房洁净，美化环境； 2. 灶头画作为农家乐特色，吸引更多游客参观； 3.无需购买电器炊具，可直接使用原来的土灶； 4.可以一人独立下厨，烧饭程序简化，时间缩短。
农村居民	1.制作生物质燃料棒的原材料购买途径有限。	1.增加生物质原材料的购买途径； 2.助力解决农村当地的生态环境问题。
供电企业	1.村民使用土灶， 不需要用电；	1.村民使用电灶； 2.实现电能替代，增供扩销；

▲ 图7–4 责任根植前后变化

2.根植推广，提升综合价值

国家电网浙江海盐县供电有限公司（以下简称“海盐公司”）以客户需求为导向，针对“农家土灶”这一难点问题，积极探索便民服务举措，经济、社会、环境综合价值实现最大化。海盐公司将项目成果在市县、浙江省内推广，让更多农村百姓从中受益，让服务保障“人民美好生活需要”的“海盐实践”惠及万家。

在社会效益方面，这是为老百姓办实事，解决他们的实际困难。灶头文化作为国家非物质文化遗产，可以得到保留与传承，同时“灶头画”作为农家乐特色项目，助力乡村旅游发展。“柴”统一回收处置后，消除了柴垛、明火带来的安全隐患，创造了更加宜居、安全的生活环境。图7–5为“土灶”改造前后对比。

在经济效益方面，对于村民来说，一户村民“土灶改电”前烧一顿饭大约需要6斤柴；“土灶改电”后烧一顿饭大约花费电费0.8元，而6斤柴卖给生物制药厂家可赚得6斤 ×0.2元/斤=1.2元，完全补贴了电费花销，还净赚0.4元。按每日烧饭2顿来计算，一户一年用“电灶”可赚292元，推广到全县6.7万村民家中，每年为村民增收1 983万元。对于供电企业来讲，海盐的6.7万户纯农民，每天耗电量2千瓦时计算，一年新增电量5千万千瓦时，提升供电企业的综合效益。

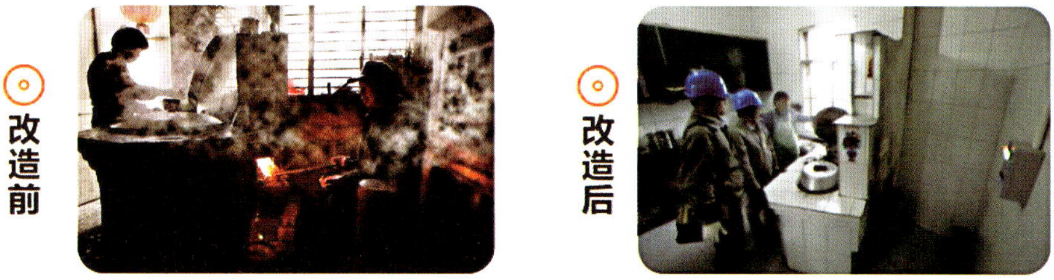

▲ 图7–5 “土灶”改造前后对比图

在环境效益方面，“柴灶”被改造后，以电代柴，以柴代煤，进一步减少了二氧化碳、硫氧化物的排放，大幅减少村庄内所受的环境污染和大气污染，对PM2.5控制工作有积极意义。以海盐县统计，预计全年可减少柴火消耗约1 200吨，减排硫氧化物50吨，既绿色环保，又美化居民环境，符合“两美”浙江对“美丽乡村”的要求。图7-6为海盐县建成的风景区。

▲ 图7-6　建成的风景区

3.优质服务，各方“点赞”

（1）政府评价

时任浙江省委员会常务委员会委员、组织部长的任振鹤前往雪水港、文溪坞，实地参观了“农家土灶改电”项目，对该项目给予高度评价（图7-7）。

▲ 图7-7　任振鹤实地参观“农家土灶改电”项目（左）与秦山街道办事处“农家土灶改电”工作会议纪要（右）

《嘉兴政务》2017年12月5日第146期要闻简讯，将“海盐土灶头‘变身记’：全省首个土灶改电项目投入使用”作为亮点工作刊登。秦山街道办事处牵头组织召开永兴村美丽乡村示范点推进会，根据《环境优美村（社区）创建工作“三年行动计划”实施方案》，就“农家土灶改电”项目全面推广工作进行讨论并一致通过。

（2）社会评价

村民自发要求对“农家土灶”实行柴改电；该项目解决了百姓实际困难，海盐公司收到农户“奉献清洁能源、服务百姓人家”锦旗感谢（图7–8）。

“农家土灶改电”被国家电网浙江省电力有限公司纳入“全电景区”建设规范，助力全省“全域旅游”先行区和示范区建设。

▲ 图7–8 “土灶”报道与农户锦旗

（3）媒体评价

“农家土灶改电”项目获得了中央电视台、人民日报、中国电力报、工人日报、国网故事汇等20多家媒体的广泛报道，得到社会各界的一致好评（图7–9）。

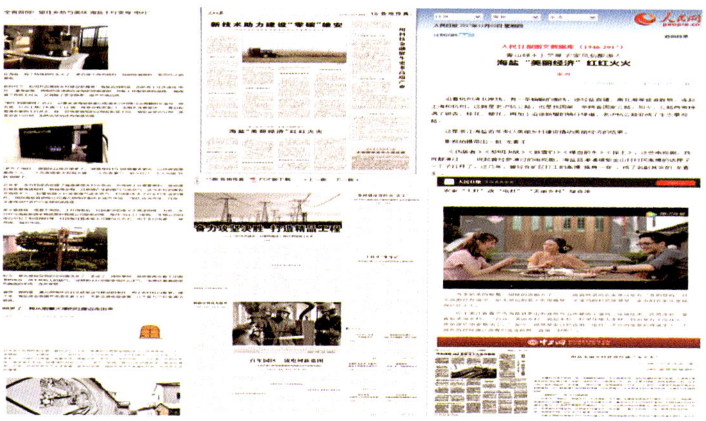

▲ 图7–9 “农家土灶改电”相关报道

四、探讨与评论

群众的满意、人民的幸福始终是衡量社会责任工作的一把有力标尺。“农家土灶改电”项目从企业和群众生产生活关系紧密的领域和事项做起，真正将“便民惠民”的理念深度根植。该项目形成了包括总结、案例、多媒体等在内的多种表现形式，创新了1项国家发明专利、1项实用新型专利，该项目成果具有显著的推广价值。

1.以点及面，推进“农家土灶改电”全省推广

在进一步总结海盐“农家土灶改电”建设的经验基础上，国网浙江省电力有限公司在先后出台的《全电景区建设规范（试行）》和《全电景区建设指南（试行）》的文件中，明确提出将农家乐“土灶改电”作为该项工作的验收条件，进一步拓展景区电能替代深度和广度，守护景区碧水蓝天。《浙江新闻客户端》、《浙江日报》等省内主流媒体，先后专题报道“农家土灶改电”项目，让更多的群众了解这项便民、利民、惠民的服务。目前，该项目已在浙江省11个地市得到积极推广。

2.沟通传播，项目在全国积极推广

以主流媒体为主导，新媒体为助力，全方位、立体式宣传报道“农家土灶改电”的先进经验及成果。6篇中央媒体、7篇省级重要媒体、9篇电力行业级媒体、12篇地市级重要媒体记录了这一特色社会责任项目的根植进程，形成深刻的品牌记忆。中央电视台《新闻直播间》《中国财经报道》等栏目对海盐的“土灶改电”作了深入阐述，人民日报3次跟踪报道该项目的实施进程与成效，在全国范围掀起“电灶”热，社会各界纷纷点赞，为全国推广营造了浓厚的舆论氛围。

海盐公司将把“农家土灶改电”项目作为示范性工程，在上级单位的助推下，在全国更多流域、更大范围内复制推广。

浙江·鄞州
YINZHOU·ZHEJIANG

鄞州原为鄞县，具有千年悠久历史。早在新石器时代的母系氏族公社时期，境内就有原始人类居住。约在原始社会末期，至迟在夏朝初，“鄞”已成为确定的地名。秦灭楚后，于公元前222年置鄞、鄮、句章三县。隋初三县合一，总称句章县。唐时改为鄮县。五代初改为鄞县。直至2002年2月，国务院批准撤销鄞县，设立为宁波市鄞州区，实行“区级体制、县级权限”。2016年9月，经国务院批准调整行政区划，奉化江以西9个镇乡(街道)划归海曙区管辖，奉化江以东区域与原江东区合并，成立新的鄞州区。2019年全区实现地区生产总值2 211亿元，增长7%，鄞州也成为全市第一个迈上“2 000亿元俱乐部”的区（县）市。全区居民人均可支配收入63 386元，增长8.8%，增速比GDP高1.8个百分点。其中城镇常住居民人均可支配收入70 074元，增长8.0%，高于全市平均0.1个百分点；农村常住居民人均可支配收入39 953元，增长9.2%，比上年高0.4个百分点，高于全市平均0.3个百分点。城乡居民收入比为1.75 ： 1。城镇和农村居民人均可支配收入总量均位居全市首位。

鄞州区是全国综合实力百强区排行榜（全国百强区）第4名；2019年度全国投资潜力百强区；2019年度全国绿色发展百强区；2019年度全国科技创新百强区；2019年工业百强区；2019中国最具幸福感城市（县级）；中国美丽乡村建设示范县；中国农村全面小康建设示范县；全国乡村治理体系建设试点单位；全国农村创新创业典型县等。

案例八

政府主导　社会参与
大力发展城乡一体化家院互融养老服务体系

——浙江省宁波市鄞州区民政局

鄞州区位于宁波市中心地区，下辖12个街道、9个镇，是全市经济、政治中心地区。全区地区生产总值1 780亿元（2018年），增长5%，总量居宁波首位，全省第三，2019年在全国经济百强区中排名第4。

一、背景与起因

2019年11月全区户籍人口82.72万人，60周岁及以上老年人19.22万人，占比23.23%，鄞州农村居民人均可支配收入已达3.5万元，同时鄞州区又是一个城市、农村结合型区，农村区域广，城乡差异较大。2008年3月鄞州区开始试点建设家院互融养老服务体系，家院互融中的“家”指的是居家养老服务，“院”代表福利院等机构提供的集中养老服务，通过互通互融、有效整合资源，使居家老人能够享受到养老机构多样化、专业化的服务，也使鄞州区农村老人享受到城乡一体化的养老服务。图8-1为鄞州区家院互融中心。

▲ 图8-1　鄞州区家院互融中心

二、举措与实践

1.从三个方面构建养老服务模式，提升服务品质

家院互融体系主要在三个方面逐步提升服务品质，构建具有鄞州特色的养老服务新模式，也称“一、二、三”模式。

（1）“一”是构建一个家院互融养老服务政策体系

2018年3月宁波颁布了《宁波市居家养老服务条例》，根据条例精神和鄞州实际，鄞州区于2018年5月率先在全市出台《宁波市鄞州区人民政府办公室关于全面推进家院互融养老服务工作的实施意见》（鄞政办发〔2018〕70号）、《鄞州区家院互融政府购买养老服务实施细则》《鄞州区老年照护等级评估工作实施方案》《鄞州区家院互融养老服务机构考核实施办法（试行）》《宁波市鄞州区民政局 宁波市鄞州区财政局关于进一步推进宁波市鄞州区家院互融政府购买服务工作的通知》等“1+10”系列文件，对家院互融，特别是农村老人家院互融养老服务的内涵和外延进行拓展，建立起一个集家院互融平台建设、照护评估、服务开展、质量监管、资金管理等为一体的家院互融养老服务政策体系。

（2）“二”是健全“家”“院”两大养老服务阵地

为了打通“家”和“院”的养老服务，鄞州区成立了家院互融中心（图8–2为鄞州区家院互融中心建设图），承担全区老年人信息管理、服务需求统计、服务质量监管、业务指导等职能。各镇（街道）成立家院互融服务站，根据老年人需求提供卫生清洁、助餐、代购等居家养老上门服务。目前在农村地区已全部建立家院互融服务站。同时，鄞州区还在每个镇（街道）建设至少1家具备配送餐、康复护理等服务辐射功能的省示范型或区域性居家养老服务中心，并通过省示范型或区域性居家养老服务中心、中央厨房、敬老院食堂等，在全区推广助餐、配送餐工作，要求在2020年助餐服务覆盖全区80%的村（社区）。目前农村地区9个镇中已有4个镇建有5家省示范型或区域性居家养老服务中心，2020年鄞州区将在农村地区完成全覆盖。

▲ 图8–2　鄞州区家院互融中心建设

（3）“三”是为三类服务对象定制家院互融服务

按照“9055”社会养老服务体系建设目标格局，对全区90%的老年人通过社会化服务实行居家养老（图8-3为居家养老服务中心开业），5%的老年人通过政府购买服务实行社区养老，5%的老年人实行照护式机构养老。鄞州区通过公开招投标，在全国范围内引进了6家社会服务机构承担家院互融政府购买服务，将服务项目从单一的家政服务拓展到包含基本生活照料、基本医疗保健和专业康复护理3大类30余项服务项目，特别在助餐、临时托养、陪同就医等方面实现城乡均衡发展，并于2019年10月1日起对全区2.54万80周岁及以上老年人实施每人每月3小时的普惠服务，有效提升了服务满意度，保障了老年居民特别是农村独居、高龄困难老年人的基本养老服务。截至目前，家院互融政府购买服务对象每月申报数逐步递增，2019年11月底已达13 400多名，农村老人达6 326人。

▲ 图8-3　居家养老服务中心开业

2. 从三个方面开展特色化服务，提升养老服务品质

（1）建立一套智慧养老系统

运用“互联网+”的建设思路，建立养老服务生态圈，把老人、政府、社区、养老机构、医疗机构、医护人员等紧密联系起来，真正实现家院互融。下阶段鄞州区将完善1个中心（大数据中心）、5个平台（包括业务监管平台、服务运营平台、监管分析平台、公众服务平台、系统支撑平台）的智慧养老服务平台建设。目前该平台已覆盖鄞州区农村9个镇。

（2）落实困难老年人家庭适老化改造

联合中国妇女发展基金会、银巢养老服务中心对鄞州区困难老年人家庭给予最高3 700元的适老化改造，根据“一户一评、一户一案”的原则对困难老年人家庭开展电路安全、地面防滑等安全设施入户改造。项目分3年实施，每年改造100户。

（3）加快探索养老志愿服务“时间银行”

联合区民政局、团区委、组织部、鄞州银行等多方资源开展志愿者“时间银行”建设，开发“we志愿”服务APP进行服务发布、服务签到和服务时间统计，目前全区开卡量1 000余张，累计存储服务时间47 800小时，已形成一定的服务经验。下阶段，鄞州区将进一步鼓励低龄健康老年人为主的志愿服务团体为高龄困难老年人提供陪聊等非专业性的养老服务依托鄞州家院互融智慧养老平台，实现志愿服务时间的存储和兑换，使志愿服务能够可持续发展。

三、成效与反响

家院互融养老服务模式不仅让农村老人享受到城乡一体化的养老服务，也得到了各级领导的充分肯定以及服务对象的一致好评，浙江省省长袁家军同志做了“家院互融养老服务实践方便老年人，能解决实际问题”的批示，2012年家院互融养老模式更被民政部评为优质服务品牌，2019年成功成为国家级智慧健康养老示范基地。

今后，鄞州将在目标上坚持着眼当前与立足长远并重，在措施上坚持增加投入与深化改革并重，在方法上坚持突出城乡个性化与一体化并重，在路径上坚持政府主导与社会参与并重，不断探索养老服务新模式，努力实现农村养老服务品质的不断提升，实现家院互融养老服务业持续向好发展。

福建·将乐
JIANGLE·FUJIAN

将乐县位于福建省三明市西北部，面积2 246平方公里，总人口约19万，是历史底蕴深厚的千年古县。早在3000年前，闽越人在将乐繁衍生息。这里是福建省最早建县的9个古县之一，是“闽儒鼻祖”杨时故里，“程门立雪”“李寄斩蛇”等佳话典故均出自这里。国家重点文物保护单位岩仔洞遗存珍贵，陶瓷、造纸、擂茶等文化源远流长。是国家生态文明建设示范县。森林覆盖率高达80%以上，林分蓄积量2 200万立方米，生物多样性丰富。2018年全县空气质量优良率99.7%，排在全省前列，全年水源水质达标率100%，被国土经济学会授予“美丽中国·深呼吸第一城”称号。

案例九

实施农村污水处理PPP项目机制助推乡村生态振兴

——福建省三明市将乐县农业农村局

1997年4月10日，时任福建省省委副书记的习近平同志到将乐调研，做出“青山绿水是无价之宝”“山区要画好山水画，扎实抓好山地开发，做好山水田文章”等重要指示。近年来，将乐县全面深入贯彻落实习近平总书记重要指示精神，牢固树立“绿水青山就是金山银山”发展理念，认真落实中央、省、市关于推进农村人居环境整治工作部署，把治理农村生活污水作为农村人居环境整治的着重支点，加快推进将乐县农村污水处理PPP项目（政府方与社会资本方订立的公共服务项目合同）实施，提升乡村生态环境治理能力。

一、背景与起因

习近平总书记在全国生态大会上，提出“防污治理是绿色发展、保护生态的重大举措”。为了实地保护生态资源，治理农村垃圾污染，根据《福建省农村污水垃圾整治行动实施方案（2016—2020）》和福建省住建厅、财政厅制定的《鼓励社会资本投资乡镇及农村生活污水处理、生活垃圾处理城市公共停车场PPP工程包的实施方案》文件精神，结合本县实际，率先启动了农村污水治理全县打包模式，积极打造农村生活污水处理“将乐样板”。确保在2020年前，实现全县80%以上农村地区农村生活污水有效处理。

将乐县农村污水处理PPP项目涉及13个乡镇共计60个行政村的污水处理设施及配套管网建设，投资总额1.1亿元，服务人口约44 750人，近12 000户。项目建成后，污水收集规模达到3 580吨/天，配套管网约200千米，出水水质按照《城镇污水处理厂污染物排放标准》（GB18918—2002）一级B 标准。

经过前期的可研报告、两评一案的编制与批复，将乐县农村生活污水处理PPP项目于2017年10月启动招标，12月社会资本方中标该项目。政府授权出资人与中标社会资本方按照10%：90%股比共同成立项目公司，由该项目公司负责整个项目的设计、建设及运营等工作。项目合作期20年，其中建设期2年，运营期18年。

二、举措与实践

1.突出项目带动，推进设施全覆盖

将乐县采取农村环境连片整治方式，以项目带动农村生活污水治理。截至目前，全县各乡（镇）均已建设污水处理厂，在福建省内率先实现集镇污水处理设施全覆盖，获得“全国农村污水治理示范县”荣誉称号。一方面，加大资金投入。通过BT形式[1]，投入3 300万元，为全县8个乡（镇）建设污水处理设施，设计总规模为日处理污水2 600吨；结合农村环境连片整治工程，在开展农村污水PPP项目前，已投入2 700万元，为55个行政村建设农村生活污水处理设施。另一方面，加大招商引资力度。将乐县引进首创股份旗下的高端设备制造商苏州首创嘉净环保科技股份有限公司在工业园区设厂，制造生产的一体化污水处理设备，最大程度地满足该项目的使用需求，降低运输成本。

2.突出市场运作，打好整治攻坚战

政府通过购买服务，实施农村生活污水治理PPP模式，最大化发挥专业效益，有效解决以往农村污水处理设施规模小、分布散、数量较多，“有人建设没人管理”等乱象。

（1）创新建设模式

通过引入有资质的社会资本方与政府出资方成立项目公司，统筹考虑项目投、融、建、管、运等问题，确保项目建设有资金、施工有队伍、管理有机构、监督有主体、运营管理有保障，最大化发挥专业效益。目前累计投入资金约8 300万元，开展53个行政村的污水处理站区及配套管网建设，其中16个行政村已竣工验收，17个行政村已完成站区和配套管网建设，20个站区正在建设当中，确保年内全部投入使用。

（2）强化项目跟踪

制定《将乐县农村生活污水处理PPP项目监督管理办法》，成立项目监督管理小组，每月定期对项目施工进度、质量、安全、施工管理等进行监督检查（图9-1），并将其列入“百日攻坚”计划，按周倒排进度，实行挂图作战，每周末上报实际施工进度，确保2019年建成并投入运营。

（3）规范运营模式

一方面，将可用性付费与绩效挂勾。将乐县制定《将乐县农村生活污水处理PPP项目运营绩效考核方案》，成立考核小组，以季度定期考核和随机考核相结合方式，对项目公司运维管理情况进行考核，将考核结果作为绩效费用核定及支付依据，确保项目公司运维管理质量，防止出现重建设、轻运营的状况，实现污水处理排放达标率100%。另一方面，将付费周期

1.BT模式：英语Build（建设）与Transfer（移交）缩写形式，是政府利用非政府资金来进行非经营性基础设施建设项目的一种融资模式。——编者注。

与合作期错配。将乐县农村生活污水处理PPP项目建设期2年，运营期为18年，可用性付费周期为10年，根据定期绩效考核的情况向社会资本方支付可用性服务费和运维绩效服务费，有效缩短项目的投融回收期，可满足金融机构的融资要求，提高项目可融资性。

▲ 图9—1　规范建设施工　公开项目内容

3.突出制度建设，推动治理常态化

将乐县积极推动农村生活污水和生活垃圾治理工作改革，建立健全责任明确、协调有序、监督严格、保护有力的农村生活污水垃圾治理机制。

（1）联动机制

县、乡（镇）、村分别成立农村生活污水垃圾治理工作领导机构，配备专职管理人员，建立工作制度，实现农村生活污水垃圾治理“县、乡（镇）、村”三级联动。

（2）激励机制

细化《农村生活污水垃圾治理工作考评表》《农村生活污水垃圾治理工作奖补办法》，实行“乡（镇）统一管理、部门联合考核、县里以奖代补”机制，每年投入垃圾治理“以奖代补”资金200万元，实现农村保洁日常化。

（3）长效机制

制定《将乐县农村污水垃圾整治行动实施方案》《农村生活污水垃圾治理工作考评暂行办法》等，将农村生活污水垃圾治理工作纳入各乡（镇）年度综合考评、全面深化“河长制”和农村环境综合整治等工作考评的重要内容，并建立定期督查、联合通报、约谈等机制，推动农村生活污水长效治理。图9—2为污水处理厂区建设。

▲ 图9-2 污水处理厂区建设

三、成效与反响

2019年来，将乐县农村生活污水仅简单通过三格化粪池进行简易处理，其余农村生活污水未经处理直排入周边河道，对农村周边水环境造成严重污染，破坏农村生态环境，阻碍农村经济发展。将乐县通过宣传、发动群众开展农村人居环境整治，提高群众对农村生活污水处理的关注度和环保意识，实现从“要我治理”转为“我要治理”的思想自觉。同时将乐县提出实施雨污分流模式，对收集的生活污水使用建立的污水处理设施进行处理，减少污水对地下水的污染及直接排放对河道的污染，使农村的生态环境得到改善。将乐县提升农村生活污水治理PPP设施建设质量，紧盯关键环节，逐一破解工程实施的难题，着力实现优质高效工程。

1.紧盯关键环节

（1）盯牢设计环节

PPP运营公司三明镛州水汇生态环境有限公司与县住建局、各乡（镇）、村多方共同参与下完成。同村庄规划紧密衔接，使污水管网布置与村庄规划相配套，避免重复投资，减少设计方案返工问题，为项目顺利实施和抢抓时间创造条件。

（2）盯牢施工放样环节

将乐县各乡镇认真组织，会同村主要负责人、设计单位、监理单位及施工单位查看整个村庄污水管网走向。根据设计图纸实地进行撒石灰粉放样，广泛收集采纳各方意见，优化管网布局方案，做到在正式开工前及早发现问题、解决问题，避免返工、停工及后续纠纷产生。

“农村生活污水处理PPP项目”推出实施后，将乐县农村生态环境将得到明显改善，水资源得到有力保护和改善，农村生活污水处理“将乐样板”进一步显现，目前已在三明市部分县实现推广、复制。2019年11月19日，在农业农村部规划设计研究院主办的第一届全国农村改厕技术产品创新大赛总决赛上，将乐县农业农村局选送的“农村生活污水处理PPP项目”得到专家的认可，获得“应用推广组”三等奖。

2.“将乐县农村生活污水处理PPP项目”反响很好

（1）提高生态环境效益

项目运营后可以遏制农村生态环境恶化的趋势，提高环境污染的防治能力和资源循环利用，实现农村人居生活环境的良性循环，促进社会经济的可持续发展。

（2）提高社会效益

项目运营后可以直接对周边农村面源的污染进行治理，增加水体生态系统的稳定性，是实现将乐县水环境最终修复的关键举措。

（3）提高经济效益

项目运营后改善农村环境状况，对人居生活环境进行提升，为将乐县的招商引资提供必要的外部环境条件。同时为将乐县在打造乡村振兴“金溪流域生态示范带”“特色农业产业特色示范带”上，发挥旅游优势和产业优势，提高全域经济创收水平。

四、探讨与评论

将乐县污水治理作为乡村振兴农村人居环境整治重点工作，确保“农村生活污水处理PPP项目”持续推进，并保证2020年年底前完成建设、投入使用，通过加大工作协调力度，制订方案合作部署，以“将乐样板”乡村治理示范点辐射带动将乐县各地区，促进乡村振兴蓝图一绘到底。

浙江·嘉善
JIASHAN·ZHEJIANG

嘉善县，是浙江省嘉兴市下辖县，位于嘉兴市东北部、江浙沪两省一市交汇处，境域轮廓呈“田”字形，东邻上海市青浦、金山两区，南连平湖市、嘉兴市南湖区，西接嘉兴市秀洲区，北靠江苏省苏州市吴江区和上海市青浦区。地处长三角城市群核心区域，是浙江省接轨上海的第一站，是全国综合实力百强县之一，更是全国唯一一个国家命名的“县域科学发展示范点”。2017年入选国家重大市政工程领域PPP创新工作重点城市，嘉善县成为全省唯一入选的城市。

嘉善县全县总面积507.68平方千米（县土地局详查数），其中水域占14.29%，2017年户籍人口393 055人。县境内水网交织，物产丰饶，民风淳朴，素以鱼米之乡、丝绸之府、文化之邦名扬天下。

2019年以来，嘉善县先后被评为2019年度全国综合实力百强县市、2019年度全国绿色发展百强县市、2019全国营商环境百强县、2019年全国投资潜力十强县(市)。全国农民合作社质量提升整县推进试点单位。2019年12月19日，嘉善县入选国家城乡融合发展试验区。

案例十
坚定新农村文化自信
弘扬新时代乡风文明

——浙江省嘉兴市嘉善县农业农村局

天凝镇洪溪村位于嘉善县西北部，区域面积1.38平方千米，含7个自然村，农户556户，户籍人口1 697人。2019年，村固定收入350万元，村民人均纯收入43 351元。全村工作特色鲜明，成绩喜人，保持了良好的发展态势，荣获了农业农村部颁发的“全国乡村治理示范村”“2019中国最美村镇乡村振兴榜样奖”“全国民主法治示范村”“中国最美村镇五十强”“2018中国最美村镇治理有效奖”“全国妇联基层组织建设示范村”“全国综合减灾示范社区”“全国农村优秀学习型组织学习型村居（社区）”“浙江省全面小康建设示范村”、浙江省十大特色体验地、浙江省首批农村引领型社区、浙江省善治示范村、浙江省生态文化基地等荣誉称号。

一、背景与起因

浙江省嘉善县天凝镇洪溪村曾经是一个全县有名的信访村与经济薄弱村。特别是在2004、2005年这2年间，矛盾高发、信访不断、干群关系紧张，经常会有村民卷着铺盖、拿着电水壶住到了村部“维权”。没有稳定，谈何发展？如何让百姓过上幸福的日子呢？如何破解这一难题，成了村干部“当家人”每天思考的课题。在跟上访村民打交道的过程中，他们发现，上访冲在最前面的往往是村里的妇女姐妹。为此，2007年村里把平时喜欢冲在前面、邻里之间有矛盾喜欢插一脚的“女能人”们聚集到一起，成立了“辣妈宝贝”舞蹈队（图10-1），并利用空余时间组织大家一起排练与比赛，在文化力量的感召下，洪溪村从2006年开始到现在15年间没有发生过一例信访事件，村级经济不断壮

▲ 图10-1 “辣妈宝贝”舞蹈队

大，如今的洪溪村蝶变成如今的和谐村、小康村。

二、举措与实践

1. 以文化为切入点，发动群众抓治理

洪溪村发扬榜样力量，厚植道德根基。洪溪村深谙榜样的力量，着力挖掘各类思想道德先进典型，广泛开展“五户”评创、十佳善人善事、善美家庭等先进模范评选活动，并对评出的家庭进行表彰，弘扬文明新风尚。2009年，洪溪村首创了“五户”评创活动：尊老爱幼户、邻里和睦户、热心公益户、卫生清洁户、创业致富户，无限放大村民言行“闪光点”，巩固树立村民言行“好榜样”（图10–2）。至今为止，已有500多户家庭获奖，获奖事例还通过文艺节目形式搬上舞台，大大增强了村民的荣誉感，形成文明向上的精神风貌。同时，洪溪村还建立以本村已故中科院院士、地球物理学家“顾功叙”名字命名的青少年教育基地“功叙园”，组织青少年到教育基地接受爱国主义教育；每年评选文明新居民，引导新居民的自我教育、自我监督和自我管理；紧密结合全县正在开展的“善文化”系列活动，通过道德讲堂、家庭教育知识讲座、农家书屋、文艺演出等载体，弘扬向善向美正能量；通过成立道德评判团、设立“道德评议庭”，广泛开展道德评议活动。自2009年以来，全村通过“道德评议”化解邻里纠纷、土地承包、夫妻矛盾、子女赡养、无理上访等矛盾事件20余次。全村出现了“新人新风有人夸、歪风邪气有人管”的新气象，形成了“以德立人、以德行事”的良好氛围。

▲ 图10–2　尊老爱幼户、邻里和睦户、热心公益户、卫生清洁户、创业致富户“五户”评创表彰

2. 打造美丽乡村，从生态环境建设发力

近年来，洪溪村以打造美丽乡村为契机，开展全域美丽环境建设，全力拆除全村违章建筑。根据上级党委、政府要求，将“低小散”企业、堆场、码头进行腾退。2017、2018

年洪溪村腾退“低小散”企业22家，并修建了固定码头和废品回收分拣集散中心。对全村7个自然村房前屋后进行集中整治，拆除违章搭建150多处共计5 000多平方米，对乱堆乱放进行清理，配合做好5 000米绿道农户用地思想工作。对高浜自然村原有20世纪70—80年代建造的连体房屋进行立面改造，并画上江南水乡风格的壁画。对高浜自然村强电、弱电管线及洪港岸小区强电管线进行入地处理，清除了“蜘蛛网”现象。推进完善基础设施建设。近年来洪溪村开展了环境洁化、河道净化、道路硬化、村庄绿化、居民美化、路灯亮化、生态文化等项目建设，2019年新建水上舞台和音乐喷泉等景点，河道亮化再升级。高浜自然村经过改造提升之后，面貌焕然一新，并成功创建3A景区。现在的洪溪村水清、河畅、岸绿、景美、人幸福。全体村民主动参与美丽乡村建设，村民的卫生意识、环境意识、文明意识大大提高（图10—3）。

▲ 图10—3　美丽环境 美好生活

3.打造知名品牌，从搭建文化活动平台开始

洪溪村注重加强乡风文明建设，通过开展文化活动来满足村民迅速增长的精神文化需求。一方面，洪溪村投入了600多万元建立了篮球场、排舞场、门球场、文化礼堂等文化设施，为建立良好的文明健康生活方式开辟了一片阵地，为乡风文明建设提供了必要的硬件支撑。另一方面，根据村民业余文化活动特点，先后组建了篮球队、舞龙队、腰鼓队、排舞队、乒乓球队、挑花篮队、辣妈宝贝队等文体队伍，打造“洪溪篮球”和“辣妈宝贝”两张文化“金名片”。洪溪村2015年以来，连续承办第五、第六、第七共3届中国小康村篮球赛总决赛。洪溪村的“辣妈宝贝”队自2007年成立至今，曾两次参加“中国达人秀”，五次登上中央电视台，还受邀参加第42届龙达国际民间艺术节，吸引了众多国外粉丝，自2015年开始，连续3年荣获“浙江省文化礼堂排舞大赛金奖”，2016年荣获“全国村晚最美村花奖”。同时，“辣妈宝贝”从文化大舞台逐渐舞上了经济大舞台。2013年，已成功注册“洪溪辣妈宝贝”商标，领取了“嘉善辣妈宝贝文化传播有限公司”营业执照。如今还开启了“互联网+”的模式，“辣妈宝贝”电子商务微商城平台于2016年5月15日上线。

洪溪村在这两张文化金名片的带动下，动员村民人人参与健康向上的文体活动，人人养成健康文明的生活习惯。目前，全村共有文艺队20多支，队员320人，基本形成“社社有队伍、家家有骨干”的良好局面。丰富多彩的文体活动在洪溪村蓬勃开展，每逢重要节日，均举行文艺演出、篮球赛、趣味运动会等，农民文化体育节已连续举办8届。洪溪村在重阳节期间举办的“相亲相爱一家人”主题活动，为全村588位60岁以上老人送中秋礼品，为58对金婚老人贺金婚，为96位80岁以上老人集体过生日，每次活动参加村民有1 000多人，在外的许多村民也赶来参加。文化活动的开展，使村民的心拉近了，村民间关系更和谐了，社会风气得到了明显改善。图10–4为“新农村 · 美好生活”摄影赛；图10–5为农民文化体育节大合唱。

▲ 图10–4 “新农村 · 美好生活”摄影赛

▲ 图10–5 农民文化体育节大合唱

4. 乡村治理民主化，从制度程序公开透明做起

（1）还权于民，从“对着干”到“帮着干”

凡是涉及村民切身利益的重大事项，无论是道路修筑，还是环境整治，均采取“村务公决”。即遇事先经过户长会议，充分听取村民意见和建议，再由党员、村民代表会议，形成征求意见表，最终交由每家每户签字表决。在得到大部分村民同意后，才开始实施相应的工程。十几年来，洪溪村通过这样的方式，顺利地实施29项民生事项，真正实现从“为民做主”到“由民做主”的转变。

（2）还治于民，从“网格化管理”到“小社微治理”

早在2009年，洪溪村就在全县开创“五户”评创制度，以小社为单位，开展互评互比，形成了良好的自治氛围。近些年，洪溪村更以“网格化管理、组团式服务”为依托，不断夯实网格化管理基础，并将网格细分至村民小社。不管是安装宣传大屏，还是污水管网维修工程等，洪溪村充分利用小社长的重要作用，稳妥实现“小社微治理”。

（3）搭建平台，从“传统渠道”到“互联网+”

近年来，洪溪村深化搭建“红色E家园”微信平台，不仅实现党员教育的“微模式”，更开启了民生信息的重要“窗口”。目前，洪溪村“红色E家园”已有40余名党员，近230余名群众，从基础设施损坏到邻里矛盾纠纷等各类突发事件，都能通过这一微信平台实现及时知悉、处置。今年以来，洪溪村通过“红色E家园”微信平台处置各类社情民意超过30余件。

三、成效与反响

1.从信访大村到和谐村

洪溪村通过开展各类文化活动，增进了党员干部与村民之间、村民与村民之间的感情，干群关系和谐了，邻里纠纷大大减少了，社会风气得到了明显改善。洪溪村从昔日的“上访村”变为如今的“和谐村”，2006年以来连续13年无一例上访。图10–6为邻里节。

▲ 图10–6　邻里节

2.从经济弱村到发展富村

洪溪村村集体经济收入快速增加，从2004年村可支配收入不足30万元到2019年村可支配收入已达到1 000多万元。集体经济壮大了，就有了为群众办好事、做实事的实力。建立了众多文化阵地，成为村民们的精神家园。成立了居家养老照料服务中心，为老年人提供过生日、清洗衣被等一系列免费服务。10余年来，洪溪村不断向村民释放“暖意”，无论是重症病人，还是普通老人，都会感受到村级组织送去的关怀。针对村里的困难群众，村干部会及时送去救助金、安排公益性岗位，为他们“遮风挡雨”。村级组织的点滴关怀不仅令村民感受温暖，更让小乡村情暖温馨。

3.从治理乱村到民主强村

洪溪村自2009年在全县开创"五户"评创工作以来，以社为单位，开展互评互比，形成良好的自治氛围。近些年，洪溪村更以"网格化管理、组团式服务"为依托，不断夯实网格化管理基础，广泛发动企业家、乡贤、普通群众等民间力量融入网格，并让其根据自身特长参与到百姓议事会、乡贤参事会、百事服务团等活动中，推动公众参与社会治理，稳妥实现"小社微治理"。

洪溪村在全市率先创立了重大村务公决制，具体归纳为"八步工作法"：公决事项的酝酿——公决事项的论证——提出公决草案——合法性审查——完善公决方案——组织村务公决——决议的实施及监督——实施结果公开。凡涉及村民切身利益的重大事项，无论是道路修筑，还是环境整治，村级重大工程，统一实行村务公决、公开招投标，并请村务监督委员会全程参与、监督，既保证工程质量，又增强村级组织的公信力。

洪溪村充分发挥村级党组织在乡风文明建设中的战斗堡垒作用，发挥党员的先锋模范作用，通过"三会一课"、党员活动日、共享书屋等载体，宣扬"爱国主义、社会公德、家庭道德、传统美德"等内容，切实提高村民鉴别是非、美丑、荣耻的能力，让文明乡风转化成村民的自觉行为。同时，洪溪村注重把党的建设和提升乡风文明有机融合，依托党员挂牌"亮身份"，结合全村家风家训征集活动，将党员与村民的家风家训，在家门口、围墙外"亮"出来，通过党员带头，以点带面来培育农村文明家庭新风尚。图10-7为洪溪村文化团体的节目登上浙江省春晚。

▲ 图10-7　节目登上浙江省春晚

四、探讨与评论

1.以文化引领善治，让百姓成为乡风文明的主角

洪溪村通过举办文化活动，居民生活幸福感不断提升，家家户户都有人乐在其中。特

别是“辣妈宝贝”成立以来，以家庭主妇带动全村百姓参与文化活动的方式，使得村民的文化素质有了普遍提高。业余生活丰富了，过去由于文化生活比较匮乏，闲暇时间容易滋生扩大纠纷和矛盾的环境早已经不复存在了。图10–8为洪溪村“百桌席千人宴”活动，体现了洪溪村的和谐。

▲ 图10–8 “百桌席千人宴”活动

2. 以“三治”推动善治，让群众成为乡村治理的主角

洪溪村坚持和发展“枫桥经验”，用实际行动深化自治、法治、德治的“三治”融合，把“法律法规管不到、村规民约管不好”的问题化解在村间田头，实现了“小事不出村，大事不出镇，矛盾不上交”的目标，促进了乡风文明建设，维护了全村和谐稳定，连续7年被县委、县政府评为“平安村”。同时，洪溪村作为今年省级“三治融合”建设示范点、首批市级“三治融合”示范村，完成了“善治苑”的建设工作，并代表天凝镇承办了嘉善县“三治融合”基层社会治理体系建设现场推进会，在全镇范围内营造了良好氛围（图10–9）。

▲ 图10–9 璀璨的美丽乡村

3. 以生态促进善治，让村民成为美丽乡村的主角

洪溪村干群关系和谐了，全体村民主动参与美丽乡村建设，村容村貌进一步提升。目前，7个自然村基本完成了整治，村容村貌焕然一新，提前实现了水清、树绿、路畅、村美、人和。洪溪村先后荣获了浙江省“美丽乡村”特色精品村、市级“优美庭院”示范村、县“美丽庭院”标杆村等称号。洪溪村也荣获“中国最美村镇人文奖”“中国最美村镇五十强”“全国乡风文明示范村”等国字号荣誉。

福建·上杭
SHANGHANG·FUJIAN
畲乡欢迎您

上杭县（古属汀州府上杭县）是中国福建省龙岩市辖县，北接长汀县、连城县，南接龙岩市永定区和广东省蕉岭县，东临新罗区，西与武平县接壤。上杭县地处汀江中游，地势从东北向西南倾斜。汀江和旧县河、黄潭河2大支流流贯县境内。上杭县年均气温19.8℃，年降水量1 537.2毫米，205、319国道纵贯境内。上杭，语出《诗经·卫风·河广》“谁谓河广，一苇杭之”。素有“建筑之乡”“诗画之乡”“山歌之乡”的美誉。

该县是中国23个苏区县之一，是第二次国内革命战争时期中央苏区的重要组成部分，是著名的革命老区，1955年被授予少将以上军衔的将军有27人，占福建省籍将军人数的三分之一。上杭县是中国南方重点林区县之一，中国土纸生产重点县，中国重要的贵金属基地，国家烤烟出口基地和食用菌生产基地；是中国优秀旅游县，是闽、粤、赣三省提线木偶的发源地，有全国重点文物保护单位古田会议会址、梅花山国家自然保护区、上杭国家森林公园等。

上杭县古迹有明代王守仁手书《时雨记》碑刻、清代仿宋重修的孔庙、清代宗祠建筑“李氏大宗祠”。汀属八县社会运动人员养成所旧址、中共闽西一大会址蛟洋文昌阁、毛泽东旧居临江楼、才溪乡调查会址、才溪光荣亭等为省级文物保护单位。

上杭县2019年11月被命名为“四好农村路”全国示范县。2020年3月，获得全国村庄清洁行动先进县称号，被中央农村工作领导小组办公室、农业农村部予以通报表扬。

案例十一
多举措建好“四好农村路”助力乡村振兴带领农民致富

——福建省龙岩市上杭县交通局

习近平总书记指出，既要把农村公路建好，更要管好、护好、运营好，为广大农民致富奔小康、为加快推进农业农村现代化提供更好保障。

乡村振兴路先行。近年来，上杭县全面贯彻落实习近平总书记关于“四好农村路”的重要批示精神，在上级交通运输主管部门的正确领导、精心指导和大力支持下，举全县之力抓好“四好农村路”建设，农村公路“建、管、养、运”展现新局面，做法和经验被上级有关部门和领导肯定（图11-1为梅花山路）。

▲ 图11-1 梅花山路

一、背景与起因

上杭是著名的老区，也是沟谷纵横的山区，总面积2 860平方公里，大致呈“八山一水一分田”的经济地理结构。

修好农村路，既是乡村振兴的最基础性工作，更是党和人民政府必须担当的历史使命。进入新时代，上杭县委、县人民政府在党的十八大、十九大精神指引下，全面贯彻落实习近平总书记关于“四好农村路”的重要批示指示精神，不断推进提升城乡公共基础设施水平，把农村公路建设作为最大的民心工程、德政工程和脱贫攻坚的主要抓手，加快构建建养并重、外通内联、安全舒适、路域洁美、服务优质的“畅、安、洁、优”农村交通发展新格局，实现了与主骨架的干线公路网互联互通，打通了乡村振兴、农民致富的快捷通道，带动沿线村镇因路而变、因路而美、因路而兴，为实施乡村振兴战略和打赢精准脱贫攻坚战提供有力的交通保障。

二、做法与亮点

1. 上杭县“四好农村路”建设的主要做法

（1）党政主导，为“四好农村路”建设提供组织保障

上杭县委、县人民政府高度重视“四好农村路”建设工作，成立了以县委、县人民政府主要领导为组长、总路长的领导小组和路长办公室，制定了《上杭县人民政府关于印发上杭县“四好农村路”建设实施方案的通知》《我县创建“四好农村路”示范县实施方案》等一系列文件。县委、县人民政府主要领导多次在全县会议上安排部署强调“四好农村路”建设工作，重要事项提交县委常务委员会和县政府常务会议专题研究讨论，并经常深入一线调研项目建设，现场协调解决问题，在政策、资金上给予倾斜。上杭县落实各级主体责任，将各乡镇、县直部门“四好农村路”工作列入年度目标管理千分制考核。图11-2为吴地村村级路。

▲ 图11-2　吴地村村级路

（2）体制引导，为"四好农村路"建设提供制度保证

上杭县成立了县、乡（镇）两级路长办公室，建立了县、乡（镇）、村三级路长组织体系。上杭县制定了《上杭县路长制工作方法》《上杭县农村公路路长制工作考核办法》《上杭县农村公路路长制工作考核问责与激励制度》等一系列文件，明确了部门分工和工作流程，招聘乡村道50名专管员，实行"乡镇招聘、乡镇管理、村监督"的管理模式。上杭县建立县、乡（镇）、村三级农村公路管理体系，县、乡级农村公路管理机构设置达到100%。上杭县出台《上杭县农村公路管理养护实施办法》《上杭县农村公路管理养护补充规定》《上杭县路长制工作办法》《农村公路养护管理所工作职责》《乡（镇）养护站工作人员岗位职责》《乡（镇）交管站路政管理工作职责》《乡（镇）交管站公路养护工作职责》等文件，进一步规范管养机制。

（3）政策引导，为"四好农村路"建设提供政策支撑

上杭县出台《加快推进上杭县交通建设项目工作实施方案》《上杭县实施乡村振兴战略二十条措施》《关于推进普通公路危桥改造工程的实施意见》等政策措施，加大资金投入，有力保障"四好农村路"建设。一是落实建设经费，对未列入数据库的道路、危桥及部分乡村道设置错车道项目，采取以奖代补的形式给予补助。道路按6米、4.5米的路面标准分别给予每公里补助10万元、5万元；危桥改造参照省级补助政策；错车道每公里设置2～4个，每个补助0.5万元。二是落实管养经费，县财政每年统筹200万元，对群众有出行需求、等级低的通自然村机耕道路进行管养，2019年实现全覆盖。提高列养道路补助标准，落实县级配套养护资金，将列养县乡村道1 785.6公里，按照"1572"市县3∶7比例配套983.3万元县财预算。上杭县2019年共支出交管站、专管员和县道、乡村道养护工人工资共计624.5万元。三是落实客运经费，出台《上杭县农村客运公交化改造和发展镇村公交实施方案》，确定农村客运公交按物价部门核定的票价50%收取。出台购车补助和运营补助政策，对新增客车每辆补助8万元，更新客车每辆补助5万元；对农村客运公交化改造的车辆暂按每年每车12万元予以运营补助，镇村公交按城区公交车运营补助政策予以补助。四是落实安防经费，上杭县2019年安防工程上级补助资金932万元外，缺口资金710万元全部由县财政配套解决。五是落实保险经费，2019年，上杭县将全县列养农村公路、构筑物及其附属设施进行了投保，保费共计人民币223万元。按照省财政50%、市财政20%、县财政30%的比例，县财政30%的保费共计人民币67万元全部到位。

（4）宣传引导，为"四好农村路"建设提供良好环境

全方位开展"四好农村路"建设宣传。一是政策汇编。梳理汇总上级交通运输主管部门有关农村公路改造补助政策，下发至乡镇。二是新闻媒体宣传。福建电视台综合频道《新闻启示录》栏目播出《让"毛细血管"更畅通》，报道了四好农村路建设对上杭县古田、步云红色旅游和经济发展的带动作用；福建省经济频道《今日八闽》栏目对上杭县"四好农村路"建设拍摄专题宣传片，在省电视台主流媒体播放；《福建日报》刊发《"四好农村路"串起党心与民心》；《中国交通报》刊发《村路风景线，吴地气象新》《"乡村的士"电话约》《民心连党心同心为振兴》（同时登陆学习强国平台）；《今日头条》《闽西日报》发布《上杭为乡村振兴创造良好交通环境》等；以《圆梦》为题，拍摄上杭“四好农村路”建设微视频参赛作品；与县广播电视台联办《交通之窗》栏目、委托制作“四好农村路”建设专题汇报片，利用县级主流媒体滚动播放“四好农村路”宣传标语和建设工作动态。今年，上杭县在各级报刊、杂志、新闻媒体刊发信息累计49条（篇）。三是制作《上杭四好农村路》宣传画册500本，印制“四好农村路”实物宣传品4 000余份，小折页1万余份。四是利用微信公众号开展宣传，今年上杭县编发微信公众号19条。此外，上杭县还开展示范路段义务植树、集中宣传等系列志愿服务活动。图11-3为上杭县湖洋镇文光村乡道文文线。

▲ 图11-3　上杭县梅花绽放致富之路——湖洋镇文光村乡道文文线

2. 上杭县“四好农村路”建设的推进情况

（1）多管齐下“九突出”，农村公路建设有新突破

突出科学规划。上杭县委托福州大学率先完成《上杭县“四好农村路”建设五年专项规划（2018—2022）》编制，全县规划251条共计770公里农村公路，按两大型、四小类（扩建型：扩宽类，改建型：改造类、路面硬化类、道路设施提升类）进行规划建设，项目预计总投资约7.4亿元。

突出资金保障。2019年上杭县政府工作报告首次提出“统筹县财政1亿元资金用于上杭县‘四好农村路’建设”，争取更多的上级补助资金和撬动更多的社会资金。

突出规范有序。上杭县出台《上杭县全面加强质量安全工作实施方案》，建立了以质量为核心的信用评价机制，2019年全县所有在建交通建设工程项目试验检测信用评价情况总体良好。

突出全面推进。上杭县政府制定下发了《2019年度农村公路建设实施方案》，2019年全县计划实施101条，共计247公里农村公路建设，总投资约4.7亿元。

突出脱贫攻坚。上杭县2019年实施农村公路精准扶贫建设项目25个，其中农村公路24条，危桥改造1座，农村公路的改造提升，极大改善了贫困乡村群众的生产生活条件，有效提升了脱贫质量。

突出融合发展。开创"交通+"新模式，推动第一、二、三产业的融合发展。上杭县2019年完成1条三产路建设，投入1 594万元。因地制宜，一方面，注重生态保护和路景结合，将绿色理念贯彻其中，凸显县域农村公路的生态特色。另一方面，将"品牌效应"作为前置环节，结合古田、才溪红色旅游品牌，打造精品观光示范带；结合"美丽乡村"建设和乡镇特色农产品"一村一品"销售网络，实施改造"三产路"建设。如：激活了古田吴地红军小镇红色旅游资源（图11-4），小镇已成为"不忘初心，牢记使命"党性教育现场情景教学点，跻身国家3A级景区，成为闽西红色旅游项目的重要组成部分；引领带动了国家地理标志产品上杭乌梅在湖洋文光村观音井得以保护传承，观音井逐步发展壮大为"百果园"，并获评国家3A级旅游景区。同时，充分发挥农村公路"舒经活络"功能，打通偏远乡镇和行政村的交通脉络。如：让曾经交通状况令人生畏的梨子岭成为历史，过去不敢想的高档农业种植如今在才溪雷屋畲族自然村得以实现，畲民的蓝莓园因为"四好农村路"焕发生机（图11-5），远销全国各地，宽敞通畅的才湘线已成为畲乡的富民之路、和谐发展之路。

▲ 图11-4　上杭县红色古田旅游大道——古田镇吴地村乡道石吴线

▲ 图11-5　上杭县将军之乡才溪蓝莓基地——才溪镇县道才湘线

突出质量合格。2019年，全县共交（竣）工60个农村公路建设项目，合格率为100%。

突出安全生产。近5年来，未发生建设安全生产事故或工程质量事故。

突出阳光工程。上杭县出台《关于进一步加强和规范招标投标工作的意见》，所有交通工程项目均严格按照文件要求执行。农村公路建设均实行规范招投标，市县交通质监部门对农村公路建设质量实行“每月一检测、检测情况每月一通报”。农村公路建设资金常态化接受各级审计检查督查，县、乡人民代表大会代表等对农村公路建设全过程监督。图11-6为湖洋镇文光村乡道文文线部分路段。

▲ 图11-6　湖洋镇文光村乡道文文线部分路段

（2）**齐抓共管“五加强”，农村公路管理有新提升**

加强普法宣传力度。结合农村工作实际，组织执法人员进村入户，对农村公路沿线人民群众开展普法宣传，重点宣传堆放物品、摆摊设点、占用挖掘公路等与人民群众生产生活息息相关的法律法规知识；同时，积极与公路沿线村委对接，将爱路护路要求纳入村规民约中，努力提升全民公路法律法规知识，提高爱路护路意识。目前，全县除临江镇外的21个乡镇、331个行政村外已全部将爱路、护路纳入乡（村）规民约。

加强联动执法力度。与相关部门加强联动执法，加大农村公路巡查和查处力度，探索建立了路产路权微信监管群，强化对辖区路产路权的监管，保障县乡公路路产路权安全。今年以来，开展联合执法63处次，清理种植物213处合计约4 135平方米、堆积物348处次，合计约1 465平方米。

加强超限运输治理。上杭县严格落实《交通运输部办公厅、公安部办公厅关于印发规范公路治超执法专项整治行动工作方案的通知》（交办公路〔2017〕130号）和省、市相关部门的要求，强化联合执法，依法处理车辆违法超限超载行为。今年以来，开展联合执法26次，查处超限超载运输违法行为31起。

加强路域环境整治。按照公路路域环境“八个无”的要求，积极开展路域环境专项整治行动，保障县乡公路畅、安、优、美。今年以来，已累计出动6 102人次，拆除非公路标志836幅处，拆除违法建筑、搭棚13处约146平方米，拆除公路用地内违法的设施22处235平方米，恢复被侵占的公路用地1 327平方米；查处在公路用地范围内设置公路标志以外的标志案件3起，其他在公路用地堆放物品和影响公路畅通的活动案件4起，查处损坏公路设施案件1起，行政立案处罚车辆装载物掉落、遗洒案件45起。

加强农村客运安全整治。上杭县强化对农村客运市场的监管，积极探索与乡镇政府、公安派出所的联动执法机制；积极引导农村客运车辆合理规划线路，提升服务能力，确实方便广大人民群众出行；同时，加大农村“黑的”“非客”摸排力度，及时采取措施予以整治，不断规范农村客运市场秩序，保持农村客运市场健康有序。图11-7为古蛟快速通公路。

▲ 图11-7 古蛟快速通公路

（3）有效巩固重"六抓"，农村公路养护有新特色

抓示范引领强管养。上杭县2019年投入1 829万元实施3条县道共89公里、并辐射沿线交叉的7条乡村道路合计20公里，目前绿化和路面修复工程已全部完工。2019年太拔镇、才溪镇2个乡镇被龙岩市人民政府命名为"四好农村路"市级示范乡镇，力争2020年全县乡（镇）、村示范路全覆盖，每个乡镇、村都有一条示范路。

抓模式创新强管养。上杭县财政每年统筹安排200万元，对全县未列入养护的农村公路分3年全部纳入养护范围。一是县道实行专业化养护。建立健全农村公路养护工作机制，提高农村公路规范化、专业化、机械化发展水平，充分发挥公路部门专业技术、机械设备、养护管理经验丰富的优势，在管理责任主体保持不变的基础上，从2019年7月1日起，上杭县将415.7公里县道全部委托上杭公路分局养护。实现"路面完好、路缘清晰、标志醒目、设施完善、排水通畅、路域洁美"的养护标准，全面提升全县县道服务品质。二是积极探索乡村道日常养护新模式。太拔镇探索出乡村道、河道、生活垃圾"三位一体"治理模式，把全镇农村生活垃圾清运、河道保洁、道路养护等工作结合起来，当做一个完整的项目，通过购买服务的方式，以统一招标的形式，发包给有资质的保洁公司进行统一运营管理，统筹了补助资金，提高了工作效率，避免了推诿扯皮。

抓平台建设强管养。开创"智慧路长"APP，加大科学监管力度。上杭"智慧路长"平台依托互联网、大数据等信息化技术构建，实现建设项目、养护管理、路政巡查、运营管理及应急处置等全方位的实时动态监管，做到实时留痕与闭环管理，大幅提高农村公路管理效率和水平。该平台推广以来，共记录收集专管员巡路次数15 824次，巡路总里程48 663公里，巡路总时长2 688小时，上报事件425件，事件处置率100%。

抓安全防患强管养。上杭县加快农村公路安全生命防护工程实施，2019年投入2 380万元，完成206公里建设任务，目前已全面完成施工任务。上杭县2019年开工建设14座危桥改造工程，其中12座已经完成施工任务，还有2座大桥计划于2020年及2021年完成，危桥总数逐年下降。

抓保障畅舒强管养。上杭县有计划进行路面修复和重铺，2019年投入2 170万元实施金山电站至珊瑚乡13公里路面重铺工程，目前基本已经完成。2017—2019年，共实施9条道路24.6公里“畅返不畅”，验收完成9条线路共计24.6公里。2018年上杭县农村公路技术状况优良中等路率为78%，其中县道86%、乡道76%、村道73%。上杭县结合“不忘初心，牢记使命”主题教育活动，投入200万元，完成临城线中都至下都段、溪下线、古白线路面修补，投资380万元，完成新临线玉女段、大中线三坪段、才涂线回龙段、合旧线太拔段边坡整治工作。图11-8为上杭县县道才湘线部分路段。

▲ 图11-8　上杭县县道才湘线部分路段

（4）补齐短板“六提升”，农村公路运营有新局面

提升城乡客运一体化发展水平。上杭县科学规划公交线路，优化城区公交线网，新开通公交线路3条，延伸公交线路1条，置换27辆新能源公交车。向城乡结合部行政村延伸，满足和改善近城区群众的出行需求；合理调整近城区湖洋镇城乡公交运营班次，助力湖洋镇文光村旅游观光业发展；开通重点乡镇古田镇镇村公交，已开通古田会议址站至市委党校公交线路，助力古田红色旅游发展。依托农村客运现有班线，对上杭至古田、南阳、官庄（回龙）、稔田、下都等5条农村客运线路进行公交化改造试点，降低票价、增加班次，提升运输服务质量。目前，上杭县城乡客运一体化发展水平达到了5A级水平。

提升农村客运班车通行条件审核机制。上杭县出台《上杭县农村道路旅客运输班线通行条件联合审核机制及细则》，对农村客运班车通行条件进行审核，保障建制村通客车“开得通、留得住”，确保农村客运持续提供服务。

提升建制村通客车率。因地制宜实施“村村通客车”工程，调整和延伸农村客运班线，增加行政村通班车。人口少的行政村，发展“乡村的士”，现已投入“乡村的士”5辆；组织客运市场调查，掌握农村群众乘车需求和流量流向情况，引导企业开通周末学生班车、假日班车及隔日班车；偏远的行政村，继续开行预约班车。全县除城区临江镇外的21个乡镇、331个行政村外100%通班车。

提升建制村通客车持续服务。上杭县出台《上杭县农村客运公交化改造和发展镇村公交实施方案》，以“巩固、提升、增强、畅通”为目标，采取公交化管理模式，全力推进农村客运公交化改造，发展镇村公交，努力构建县到乡，乡到村的二级农村客运网络。县政府成立农村客运公交化改造和发展镇村公交工作领导小组，统筹安排运营车，对不达标车辆按要求更新和报废，出台购车补助和运营补助政策。

提升完善县乡村三级农村物流网络。第一，分类推进三级物流网络建设。上杭县依托货运、邮政、通士达等企业建立县级物流节点，在乡镇网点、综合运输服务站建立乡镇级农村物流服务站。利用乡镇综合运输服务站、客运站等开通定线、定区域或预约的农村货运线路，实现集中统一配送。依托村委会、小卖部等网点建立村级农村物流服务点，大幅度提升村级物流服务点覆盖率，实现了邮政、通世达在全县22个乡镇、331个节点全覆盖。县乡村三级物流节点全部使用各公司应用软件，并通过APP终端软件与客户联系，实现货物准确投递、取领。第二，提升货运能力满足农村物流需求。上杭县培育货物运输和货运代理企业，全县现有货运企业39家、货运代理企业19家。探索建立适合当地物流的运营模式，引导物流企业因地制宜开通农超对接、产销对接物流线路，推进城市配送、农村配送的有效衔接，畅通农村货物运输渠道。与邮政、快递企业协作，依托道路运输综合运输服务站、工业园区、农副产品加工区、烟区、果园等，推动站场网络、运输配送、信息体系和经营主体融合发展，提升农村物流投递和收寄能力，全面降低城乡物流末端配送成本；通过搭建农村电商服务网络，打通农产品上行渠道，解决农产品销售运输难问题。积极培育规模以上道路运输企业，发展甩挂运输，提高运输效率，更好地服务乡村经济发展，全县现有规模以上货运企业14家。

提升乡镇综合运输服务站建设。全县共建乡镇客运站9个，港湾式客运站2个，农村客运候车亭116个。2019年，上杭县对14个农村客运候车亭进行修缮，对中都客运站进行改造，新建3个二类港湾式客运站、5个乡镇综合运输服务站。图11-9为上杭县官庄畲族乡县道才湘线港湾式客运站。

▲ 图11-9　上杭县官庄畲族乡县道才湘线港湾式客运站

3. 上杭县“四好农村路”建设的五大亮点

(1)“岭头经验”在全省推广

2014年11月14日，福建省委常委、常务副省长张志南为《龙岩市交通运输局关于推广上杭县通贤镇岭头村农村公路管养经验的通知》作出“请兆民同志阅。上杭县通贤镇岭头村农村公路管护的做法实在、可行，‘岭头经验’建议在全省推广”的批示。

(2)农村公路灾毁综合保险机制在全省推广

2010年以来，上杭县率先建立实施和完善巩固农村公路综合保险机制的创新实践，引起交通主流媒体的重视，中国交通报、中国交通新闻网、福建交通新闻网、中国公路网等媒体均进行报道。2016年，福建省公路局到上杭县多次调研后，把推行农村公路灾毁保险列入“四好农村路”建设的督查内容，并发文全省推广，投保费用按照省、市、县50%、20%、30%的比例配套，保障了农村公路安全畅通。

(3)在贫困户中优先聘用养路工机制在龙岩市推广

2016年，上杭县出台“优先选聘适岗贫困村民为乡村公路养护工人”政策，在各乡镇、村聘用乡村道养护工人时，优先挑选具有劳动能力的贫困村民，对其进行养护技术培训后聘用为乡村道路养护工人，这一经验做法当年在龙岩市交通运输系统推广。2019年，全县各乡镇共选聘乡村道养护工人449人，其中贫困户230人，占选聘养护工人数的51.2%，让贫困户通过就业，增加家庭收入，改善生活条件。图11-10为上杭县县道才湘线石骨凹隧道。

▲ 图11-10　上杭县县道才湘线石骨凹隧道

(4)太拔镇典型经验被省公路局发文推广

《福建省公路管理局关于推广漳浦县、上杭县太拔镇“四好农村公路”建设典型做法的通知》(闽路办农〔2019〕函5号)将太拔镇“四好农村路”建设好典型经验在全省推广。

该镇是市级扶贫开发乡镇，通过组织镇村干部外出学习、成立村级理事会、推行干部驻村蹲点工作机制等举措，引燃了广大干部群众决战决胜“四好农村路”建设的激情，当地群众主动捐钱让地，90高龄的赖顺莲主动捐出子女准备办寿宴的3万元。同时，激发了中都、下都、蓝溪、湖洋、临城等乡村群众捐钱让地、助力“四好农村路”建设的热情，典型事迹纷纷被各级主流媒体宣传报道。

（5）官庄畲族乡人民代表大会主席团创新监督方式被新闻媒体推介

官庄畲族乡人民代表大会主席团创新监督方式，把辖区内所有道路建设纳入监督范围，一条道路建立一个人民代表大会监督微信群，要求主席团成员和沿途人民代表大会代表对交通建设项目全程监督，发现问题及时通过微信群上传，有效助推了“四好农村路”建设顺利进行，有力保证了道路建设的质量和安全。2018年，该乡被评为市级“四好农村路”示范乡镇，典型经验先后在上杭新闻、闽西日报、龙岩人大、福建日报、福建电视台等省、市、县主流新闻媒体报道，得到了人民群众的好评。2019年1月23日，全国政协副主席、交通运输部党组书记杨传堂等领导来上杭县期间，深入到官庄畲族乡“四好农村路”示范路调研，给予了充分肯定。

三、成效与反响

上杭县“四好农村路”建设深入开展，大大改善了群众的民生，增强了全县百姓的幸福感、获得感，为服务乡村振兴、服务“三农”、打赢脱贫攻坚战提供了有力的交通运输基础设施保障，取得的成绩得到上级领导和交通运输主管部门的充分肯定。2019年6月26日，上杭县顺利通过省级检查组对上杭县省级“四好农村路”示范县现场核验，8月被命名为“四好农村路”省级示范县；9月23日至24日，交通运输部复核组对上杭县开展现场复核，11月被命名为“四好农村路”全国示范县。

福建·长汀
CHANGTING·FUJIAN

长汀县（汀州府城），简称“汀”，隶属于福建省，是中央苏区汀州市所在地、“红旗跃过汀江”的地方，位于福建省西部，武夷山脉南麓，南邻广东、西接江西，自古为闽、粤、赣三省边陲要冲，被誉为“福建省西大门”。

长汀历称汀州，汉代置县，自唐开元二十四年（公元736年）置汀州始，成为福建五大州、七闽地、八闽府之一。自盛唐以来的1000多年来，长汀一直是州、郡、路、府治所在地，是“客家文化（闽西）生态保护实验区”的科教文化中心。

长汀亦称汀州府，是客家人聚居的第一座府治城市，被誉为“世界客家首府”。长汀还是国务院批复的第三批国家历史文化名城（1994年）、中国烹饪协会首个颁布的中国客家菜之乡（2004年），享有“福建美食名城”“红军的故乡”“红色小上海”的称号。

长汀融人文景观与自然景观于一体，与湖南凤凰一起被国际友人路易·艾黎誉为“中国最美丽的山城之一”。 2012年长汀县获“中国十大最具人文底蕴古城古镇”称号。2018年3月成为第一批通过全国水生态文明建设试点验收城市。2019年3月，被列为第一批革命文物保护利用片区分县名单。2019年度福建省县域经济发展“十佳”县（市）。

案例十二
探索乡村生态建设新经验
践行绿水青山就是金山银山发展理念

——福建省龙岩市长汀县委乡村振兴办公室

长汀县曾经是全国三大水土流失重灾区之一，经过几十年的综合治理，已经取得了难得的成效，但总的来说，生态环境仍然十分脆弱，需要持续大力保护环境，走绿色发展的路子，始终抓好生态保护工作。

以生态建设为切入点，探索生态建设新经验，是长汀县委、县人民政府保护生态环境、高质量发展农业及绿色产业创新实施的一项重大举措。河田镇露湖村在长汀县委、县人民政府的带领下，高质量发展现代特色农业产业、高标准推进农村人居环境整治、高要求促进农民增收致富、高起点打造露湖村乡村振兴示范点，带动了村民增产增收，取得了一定的成效。

一、背景与起因

长汀县河田镇露湖村位于长汀县河田镇东南部，全村现辖8个自然村，11个村民小组，558户2 297人，现有耕地1 455亩，林地12 423亩。

露湖村曾是长汀境内水土流失最为严重的行政村，全村70%以上的山地都是光头山，“山光、水浊、田瘦、人穷”是当时最真实写照。经过几代人近30年的不懈努力，水土流失治理取得了显著成效，并紧紧以水土流失综合治理为契机，全面封禁保护植被，创新“等高草灌带”治理方法，大力推广“草、牧、沼、果（菜）”生态开发治理模式，开发种植了板栗等果树2 600亩，建立了一个320亩的无公害蔬菜种植基地，“火焰山”变成了“绿满山”“花果山”。露湖村将治山与治穷、发展绿色产业有机结合，取得了良好的经济社会效益。特别是近几年，露湖村把农村人居环境整治作为实施乡村振兴战略的第一场硬仗，有计划、有步骤、有重点地实施“一革命四行动”，开展综合整治工作，推动农村人居环境有了较大的改善、实现了质的提升。

二、举措与实践

1.注重党建引领，确保人居环境整治成效

露湖村紧紧围绕“党建+农村人居环境整治”的思路，以党建为抓手，实施“一带头、三联动、五提高”乡村党建工作新模式。露湖村党支部充分发挥露湖村“红土·生态先锋党员工作室”党建品牌作用，组建了5支党员志愿服务队伍，通过党员带头，发挥党员特长，采取经济联动、文化联享、好事联办三项联动协调举措，广泛开展“文明教育到户到人，大力提倡讲文明树新风”的价值观教育，调动村民的积极性、创造性，引导农民改善生活习惯，提倡推行文明生活新方式。露湖村实现了五个提高：村级管理规范、村务监督到位、党员率先垂范、经济协调发展、村风民风和谐。露湖村通过党员带头拆除危旧房、废旧猪栏，带动村民积极落实“一革命四行动”；村民积极参与村庄清洁事务，自发拆除“空心房”；自发清理乱堆乱放、乱拉乱围；自发清理自家门前沟渠垃圾；党员积极引导村民，以实际行动助力生态环保攻坚战，农村人居环境整治取得明显成效。图12-1为露湖村村部门口风景。

▲ 图12-1 露湖村村部门口风景

2.强调村民主体，推进村庄景观绿化美化

露湖村通过召开村民座谈会、外出乡贤座谈会，充分发挥村民既是环境美化的创造者、又是良好生态的受益者的作用，群策群力，充分调动村民参与美丽家园建设的积极性。大家听取不同意见，学习和借鉴其他地方乡村振兴经验做法，结合本村实际，制定完成适合本村的发展规划。同时，外出乡贤踊跃捐资公益事业，在家村民积极性强参与度高，自发组织并无偿投工投劳，参与到本村美丽乡村建设当中。露湖村从巩固生猪养殖业污染治理等成果方面入手拆除养猪场3家1 000余平方米，并通过就地取材，美化环境，积极融入全

县“绿水青山就是金山银山”实践创新基地建设大局，稳步推进水保科教园改造提升工程，积极打造集示范推广、科普教育、观光旅游和对外交流为一体的国家3A级景区。同时，露湖村加强庭院绿化和村庄公共绿地建设，打造村容整洁、田园美丽的“园林式”村庄。结合水土流失精准治理深层治理，全面落实“林长制”“河长制”，扎实搞好“村旁、宅旁、水旁、路旁”绿化、亮化、净化、美化，对房屋和村部周围的荒地、河道及水塘进行整治利用，完成农民文化广场和休闲观光公园建设，新建休闲漫步道500米，景观灯50盏，有效提升整体美观度。2018年以来，全村超过70%的村民完成房前屋后绿化苗木种植，增加绿化面积21 000多平方米，居住区绿化率达到46%。图12–2为露湖村百亩景观荷塘。

▲ 图12–2　百亩景观荷塘

3. 创新保洁模式，提高全民环境治理意识

经村“两委”和村民理事会提议，露湖村以支部带党员、党员带群众的“双带”模式，集中整治“脏乱差”问题，扎实开展农村生活垃圾治理专项行动，形成了全民参与的生动局面。露湖村建立村级卫生保洁制度，实行“户分类、村收集、镇运转”村级垃圾处理新模式，在人口密集区布置48个垃圾收集桶，方便村民就近处理生活垃圾，通过采用压缩式垃圾车与垃圾桶相结合的方式，对全村的垃圾进行收集，优化生活垃圾回收转运，确保垃圾不落地。露湖村还聘请8名专职卫生保洁员，负责全村日常卫生管护清扫，加大对房前屋后、村主干道、荒地荒坡等垃圾的清理，达到无暴露垃圾、无卫生死角、道路无杂草杂物的良好效果。加大村庄卫生治理宣传，露湖村将垃圾治理、人居环境整治、生态建设与“两学一做”学习教育、主题党日、村民小组长会有机结合起来，让环境治理理念根植于心、外化于行，广泛凝聚起百姓思想共识。图12–3为村大路口自然风貌。

▲ 图12-3　村大路口自然风貌

4.聚焦基础提升，全力打造宜居美丽乡村

露湖村以319国道两侧为新村建设中心，按照生态宜居的总要求，结合原有房屋结构的自然风貌，对45幢较为破旧的房屋按照“三统一”（统一层高、统一风格、统一立面）的要求进行拆除重建；对34幢状况较好的房屋进行“平改坡”和统一立面装修；全面开展农村危旧房屋集中整治，拆除“空心房”31户，猪舍、牛栏17户；依托“户厕改造”政策支持，提倡推行文明生活新方式。露湖村实行“厕所革命”整村推进，对农村原有的旱厕进行三格化粪池改造，全村共新建或改造三格化粪池356座，实现了卫生厕所全覆盖（图12-4）。

▲ 图12-4　新建的公厕

在群众居住较为集中的地方，三格化粪池的出水均已接入污水收集管网。依托露湖村的区位优势和旅游发展定位，全村共新建冲水式公厕2座，大大提升了群众生活的质量，全面改善了村容村貌，村民的居住条件和生活品质得到大幅提升。

5.坚持产业带动，全面推进生态文明建设

露湖村发扬“滴水穿石、人一我十”的精神，持续推进水土流失的精准治理深层治理，经过30多年的努力，全村12 423亩林地中的生态林面积达8 838.9亩，并建成千亩板栗园、中国石油万亩水保生态示范林等生态示范项目。露湖村践行“绿水青山就是金山银山”的发展理念，切实把农村宜居环境建设与生态文明建设相结合、与脱贫攻坚相结合、与产业发展相结合，做到有“面子”，更有“里子”。露湖村党支部因地制宜引进名贵中草药——黄花远志种植项目，采取“合作社+村集体+贫困户”的模式，种植黄花远志115亩，共计8万株，每亩产量预计保底收入2 000元，带动15户贫困户种植，直接为贫困户每年增收2 000元以上，预计为村集体增收20万元。同时，加大土地流转力度，突出特色农产品种植，建设60亩火龙果采摘园和70亩百香果采摘园，点面结合，全村形成了以水稻、槟榔芋、烤烟种植和河田鸡养殖为主，火龙果、百香果、黄花远志等特色农产品竞相发展的格局，2018年露湖村农村人均可支配收入达15 660元。

三、成效与反响

1.发挥了村级党支部战斗堡垒和先锋模范作用

村干部、党员始终要冲锋在前、战斗在前，带好头、树典型，起到了很好的带动作用。特别要注重发挥老党员、老干部作用，农村老党员、老干部都是生产、工作中的骨干和先进分子，他们在党员、干部、群众中有比较高的威信，是引导全村开展人居环境整治的重要力量。

2.发动了群众的主体作用

农民群众是人居环境整治的最终受益者，也是改善农村人居环境的主要力量。露湖村深入细致地做好宣传动员工作，大力提倡讲文明树新风的价值观，广泛开展文明教育，调动村民的积极性、创造性，引导农民改善生活习惯，提倡推行文明生活新方式。

3.发扬了村民理事会的辅助作用

针对家家户户存在的不同陋习，露湖村乡村振兴村民理事会制定了《露湖村八准八不准》《露湖村讲文明树新风十条》等相关村规民约，进一步规范村民的日常行为，培养起了科学文明、健康向上的生活方式。其次，露湖村通过开展各类文化娱乐活动，将“讲文明、树新风”相关内容穿插于节目中，潜移默化引导群众推行文明生活新方式。同时，采取措施进行家风培养、村风规范，使得全村形成了和谐向上、文明礼让的好风气。

四、探讨与评论

1.增强意识，制度保障

露湖村充分发挥党员的示范带动作用，村民社会责任意识、规则意识、集体意识、主人翁意识进一步增强，上下同心认真贯彻落实好河长制、林长制、路长制，打好生态环保攻坚战役。通过制定村规民约，约定全体村民严禁向河道排放污水、严禁向河道倾倒垃圾和弃土弃物、严禁电鱼炸鱼、严禁乱砍滥伐，严禁乱搭乱建、严禁垃圾落地，加强治理畜禽养殖污染，做好生态环保工作，为进一步落实乡村生态宜居总要求，提供了制度保障，也取得了较好的效果，得到村民的肯定。

2.强化宣传，营造氛围

（1）以建设乡村振兴试点村为契机

村两委把改善农村人居环境作为一项重要内容来抓，形成以村支部书记为“一线总指挥”、以小组为单位、村民为主体，营造人人参与推进农村人居环境整治的工作局面。露湖村进一步加大人居环境整治宣传力度，全面动员党员和群众，组织开展村庄环境整治清洁行动，掀起“环境整治、户户行动、人人参与”的良好氛围。

（2）充分利用元旦、春节等节假日有利时机

以“村村户户搞清洁、干干净净迎春节”为主题，打好村庄清洁行动节日战役；清理房前屋后和村组道路杂物、拆除违建房。

3.广泛发动，全民参与

经村民代表大会表决通过实施垃圾保洁收费制度。露湖村通过在农户家放置垃圾桶，每月每只垃圾桶收取一定的保洁费，实行垃圾定点定时清运，做到“垃圾不乱倒、垃圾不落地、污水不乱排”，收取的保洁费专款专用，主要用于环境卫生清洁。露湖村通过公家保洁有偿收费，进一步督促广大村民群众自我提升环境保护意识，广泛参与到环境监督工作中来，激发村民参与环境整治工作的积极性主动性，开创出村庄干净整洁、百姓安居乐业的人居环境整治工作新局面。图12–5为农民公园；图12–6为百姓门口小公园。

五、特色与亮点

1.长汀县水土保持科教园

始建于2000年4月，主要展示水土流失所造成的生态灾害，普及水土保持科学知识，以及开展水土保持科学研究，现已成为集示范推广、科普教育、观光旅游和对外交流为一体的水土保持风景区和旅游目的地。整个园区面积1 818亩，主要包括中心区、公仆园区、试验区、水土保持物种园区、对照区等5个功能区。2012年2月，科教园被水利部授予“国家水土保持科技示范园”，被教育部、水利部授予“全国中小学水土保持教育社会实践基地”。同年11月，福建省水利厅在园区设立“福建（长汀）水土保持研究中心”，2012年12月被认定为福建省省级水利风景区。2017年被水利部认定为全国水利风景区。

▲ 图12-5　农民公园

▲ 图12-6　百姓门口小公园

2. 中国石油万亩水土保持生态示范林

以长汀水土保持科教园为中心，范围涉及河田镇露湖、明光、朱溪、罗地、伯湖、晨光6个村。规划建设面积10 382亩，项目总投资4 317万元，建设期限4年，项目资金由中石油集团公司投资4 000万元，长汀县地方配套317万元共同建设。万亩水土保持生态示范林套种了无患子、枫香、山杜英、樱花、深山含笑、木荷、楠木等17个优良乡土阔叶树种，林分针阔混交比基本达1 ：1，为全省水土流失治理中面积最大的多树种、多类型、多层次、多效益的森林生态景观林。

3. 福建新农人生态农业采摘基地

该采摘基地位于露湖村隔壁的伯湖村，是新中国开国中将傅连暲的家乡，属革命基地村、贫困村。伯湖村充分发挥大学生返乡创业、致富带动作用，助力脱贫攻坚，促进产业增效、农民增收致富。总投资1 000万元，主要建设生态农庄，生态葡萄园，生态观光长廊，农家乐，科普基地项目。规划建设基地150亩，其中智能温室大棚30亩，主要种植葡萄20亩7个品种，辅助种植火龙果、茂谷柑、爱媛果冻橙、黄金百香果、水果玉米等果蔬。致力打造集红色文化科普、绿色生态采摘、农园民宿体验等项目。

陕西·礼泉
LIQUAN·SHAANXI
袁家村

礼泉县，隶属于陕西省咸阳市，位于关中平原中部，东邻泾阳，西邻乾县，南与兴平、咸阳相连，北与淳化、永寿相接。介于东经108°17′40″～108°41′46″和北纬34°20′50″～34°50′02″，总面积1 018平方千米。

礼泉县建县已有2200多年，县境内拥有古文化遗址21处、古建筑5处，是陕西省18个重点文物旅游大县之一。唐太宗李世民昭陵占地30万亩，陪葬墓209座，是世界上最大的皇家陵园。昭陵博物馆馆藏文物8 000余件，“昭陵六骏”驰名中外。

2018年，礼泉县下辖1个街道、11个镇，常住人口45.58万人，实现地区生产总值（GDP）160.5亿元，从三次产业结构看：第一产业增加值47.39亿元，第二产业增加值48.98亿元，第三产业增加值64.14亿元，三次产业占GDP的比重依次为29.5%、30.5%、40.0%。2019年12月6日，礼泉县入选全国农民合作社质量提升整县推进试点单位。

案例十三
探索一条乡村全面振兴的“袁家村模式”

——陕西省咸阳市礼泉县农业农村局

一、基本情况

“袁家村——关中印象体验地”位于礼泉县以北，处于著名的唐昭陵脚下，袁家村全村现有62户286人，土地面积660亩，是礼泉县当地最小的村子。福银高速、关中环线、唐昭陵旅游专线依村而过，交通十分便利，历史文化底蕴深厚。袁家村依托资源优势，挖掘民俗文化，发展乡村旅游，吸引800多名创客，吸纳就业3 000多人，带动周边万余名农民增收，实现年游客接待量580万人次，可计算收入超过6亿元，村民人均纯收入8.6万元以上的目标。

二、主要做法

礼泉县袁家村最开始发展旅游业时并不是那么顺利，在发展旅游的历程中，解决了3个难题。在这3个难题解决过程中，袁家村的旅游逐渐发展得越来越好。

1.游客怎么来的问题

2007年村里决定发展乡村旅游，当时乡村旅游的概念基本上是农家乐，袁家村距离西安市70公里，光做农家乐游客来不了，靠什么能让游客来，袁家村旅游业起步的时候是在农家乐的基础上做旅游，用旅游的形式吸引游客来，让农民在自己家里卖农家乐。袁家村给旅游的定位是关中民俗文化，就是把关中人的生活习惯演变成一种旅游的形式，让城市人来农村寻找乡愁，同时在景区内打造了第一条街区——康庄老街，把陕西地区的一些传统工艺（比如纺布、磨面、榨油、酿醋）在这条街道上做集中展示。袁家村对作坊街的要求是：必须选用最优质的原材料，同时在生产加工的过程中不能有任何添加剂。

2009年，袁家村在老街的基础上，延伸出一条小吃街，汇集了将近100种陕西尤其是关中地区的特色美食。袁家村对小吃街的要求是，单店单卖，不允许重复；所有食品现做现卖，不允许隔夜；所有的制作过程必须直观地展示给游客，不允许有暗档和死角；食材方面，作坊能够生产原料必须从作坊采购，其他食材也都要有清楚透明的原材料供应链。图13-1为节假日的袁家村。

▲ 图 13–1　节假日的袁家村

2.怎么能留住人的问题

袁家村2010年旅游发展遇到的问题是白天的游客非常多，晚上留不住人，就开始转型升级做乡村度假，建成客栈区，满足游客晚上愿意留宿的条件。但是住下来的同时又发现问题，晚上出来没事干也不行，袁家村就重点给游客晚上配套了酒吧街，包括艺术街、时尚街，还有几个大的主题街，都是为了游客在乡村度假。晚上留住游客，包括为客人来袁家村能不能长时间停留做的配套。袁家村同时引导大学生、艺术青年参与，逐步实现了白天的袁家村向“月光下的袁家村”的转变。

3.全面提升的问题

袁家村在发展的过程中遇到的最致命的问题就是农民素质跟不上旅游业发展的速度，这也是制约着袁家村发展的一个瓶颈。为了提高村民素质，村上开办了一个“袁家村夜校”（图13–2），夜校的口号是“在实战中学习，在学习中实战”，袁家村通过农民学校解决了农民的思想问题、教育问题和服务问题。袁家村夜校围绕袁家村发展过程中遇到的思想、教育、服务等问题，邀请村上能人为大家分享经验、共同学习，还定期邀请专家大咖讲课，针对不同的升级发展需求，制定相应的课程，共同学习、共同提高。袁家村以充分满足人们对品质旅游、休闲度假生活的向往和追求为重点，通过提升业态和参与项目，增加游客的参与意识和体验感，不断完善基础设施和服务配套，延长游客的停留时间，增强了旅游业持续发展能力。

▲ 图13-2 袁家村农民夜校

三、基本经验

袁家村人在党的领导下，把农民组织起来，自主创新，勇于实践，有效解决了村集体经济发展问题，形成了村级单位实施乡村振兴战略的"袁家村模式"，其主要内容有以下几个方面。

1.坚持以村党支部为核心，引领发展方向

早在2007年，在村经济二次转型的重要节点上，村两委班子进行了深度的思考。袁家村新选出的党支部义无反顾地担当起二次创业、振兴袁家村的光荣使命和责任。党支部一班人有理想、敢担当、事业心强、责任心重，对群众感情深，对自己要求严。袁家村坚持因地制宜的思路，硬是在一片荒沟荒地和旧厂区的废墟上建成了今天享誉全国的"关中印象体验地"旅游景区，使关中民俗再现神韵，大放异彩；让乡村生活生机勃勃，魅力无穷。

十几年来，袁家村始终坚持以村两委会班子为中枢，书记为带头人、村干部是服务队，真正把"为群众办实事、为群众谋福利"作为一切工作的出发点和落脚点，着力打造农民创业平台，通过发展旅游产业，带动农民持续受益，走共同富裕的道路。

2.坚持以农民为主体，培育发展条件

袁家村发展的出发点和目的是增加农民收入、带领更多群众脱贫致富，改善农村环境、提升农民生活质量，实现共同富裕和可持续发展。为此，袁家村从实际出发，大胆创新，勇于探索，总结出了一套把贫困农民组织起来、开展脱贫攻坚工作的步骤和方法。

（1）创建农民创业平台

以"袁家村——关中印象体验地"为载体，通过袁家村农民学校对贫困户进行教育和

培训，使他们初步具有服务意识和经营能力，然后提供优惠政策和基本条件，让贫困户分期分批零成本进入平台。袁家村在景区内设立固定摊位，提供给贫困户免费使用，让其从事力所能及的小本经营，以出售自己的或当地的农副产品为主，逐步增加家庭收入，脱贫致富。先后有12户贫困户在袁家村农民创业平台的帮助下当上了老板，饮食一条街的麻花店、豆腐坊等，都是在袁家村的大力帮助下发展起来的贫困群众的创业作坊。

（2）培育和扶持优势项目

袁家村根据优胜劣汰的市场法则，对所有项目和商户进行动态管理，不断补充新项目，经过市场选择、发现和确定优势项目，加以扶持和培育。同时，袁家村进一步考察市场前景，评估风险和效益，最终确定具有良好市场前景，可以扩大再生产、实现产业化的优势项目。

（3）增资扩股，成立农民合作社

袁家村对优势项目增资扩股，成立农民合作社。加入合作社的原则是："全民参与、入股自愿、钱少先入、钱多少入、照顾小户、限制大户、风险共担、收益共享"。各个项目互相参股，你中有我、我中有你。通过调节收入分配和再分配，避免两极分化，实现利益均衡，达到共同富裕。目前，陕西信合、邮政储蓄银行对有意愿及征信正常的周边125户贫困群众发放贷款，贫困户将发放的贷款以股金的形式在袁家村农民合作社入股，进行保底分红，使更多的贫困群众也享受到袁家村发展的红利。为了让更多的群众分享发展红利，照顾经济条件较差的群众，袁家村设计的股权结构尽可能小额分散。图13–3为袁家村村口门楼。

▲ 图13–3　袁家村村口门楼

3.坚持以创新为主线，夯实发展后劲

袁家村在发展的过程中始终保有一种危机感，除旅游以外，靠什么能支撑袁家村持续发展下去，于是袁家村人又提出了袁家村"走出去战略"，并明确了走出去要打"组合拳"，

要"进城、出省"。

(1)进城计划

就是用袁家村这些年建立的品牌和口碑"走出去",在西安开设"袁家村城市体验店"(图13-4),出去的每一个店都是以农民合作社的形式经营,有能力的农民就带着出去,人出不去的就把钱带出去。一方面把袁家村的美食送到了西安人的餐桌上,另一方面让西安人也可以买到袁家村品牌的农产品。目前在西安已经开设8家城市体验店,经营理念是让陕西人都能吃到袁家村的放心农产品。袁家村在陕西就有3 800万人的市场,最后再通过线上线下的融合,把袁家村的农副产品卖向全国。

▲ 图13-4 袁家村城市店

(2)出省计划

出省计划就是用袁家村总结的经验和思路打造一个不同地域文化的"袁家村",青海、河南、山西、湖北都有袁家村的基地,比如河南袁家村,就是在中原文化浸润之下。袁家村的店一定是把当地的民俗、文化、生活习惯挖掘得最深的特色店,按照这样的思路,袁家村的梦想就是游客以后去哪里旅游,只要想看民俗就找袁家村。

四、经验和启示

袁家村通过12年的发展,在不断提升旅游软硬件环境的同时,更注重群众素质的提升和旅游软环境的治理,注重"口碑"效应,注重"素质"提升。这几年来袁家村人从旅游产业中尝到了甜头,为了旅游事业长久发展,他们愿意付出更多的努力,把新袁家村打造成陕西民俗文化旅游第一品牌、陕西乡村度假第一品牌、陕西健康农产品第一品牌,为家乡的经济发展和乡村振兴事业做出自己应有的贡献。

甘肃·徽县
HUIXIAN·GANSU

徽县隶属于甘肃省陇南市，因城北隅徽山下有徽山驿而得县名，位于甘肃省东南部、陇南市东北部，地处秦岭山脉南麓、嘉陵江上游秦巴山地中的徽成盆地，北接天水市，东邻两当县，西连成县，东南部与陕西省汉中市略阳县相接。徽县下辖13个镇、2个乡，213 个村、10个社区，总面积2 722.9平方千米，总人口22.35万人（2015年）。

徽县素有“陇上小江南”美誉，气候温暖湿润，丘陵、盆地相间，境内有徽县三滩风景区、嘉陵江漂流、青泥岭等风景名胜。名优特产有核桃、银杏、狼牙蜜、猕猴桃、烤烟等。

2019年4月28日，甘肃省人民政府批准徽县正式退出贫困县。

案例十四
彻底改变深度贫困村面貌 擘画乡村振兴壮美图卷

——甘肃省陇南市徽县农业农村局

建设美丽乡村是徽县榆树乡火站村深入贯彻中央乡村振兴战略的重要举措，实施多年来，在提升群众获得感、幸福感、安全感上取得显著成效。

一、背景与起因

徽县榆树乡火站村属于精准扶贫深度贫困村，基础设施薄弱、村容村貌脏乱，这成为制约本村精准扶贫、精准脱贫，实施乡村振兴的掣肘。榆树乡立足实际、听取民意，充分认识到加强基础设施建设、改善人居环境、扮靓村容村貌、提振群众精气神的深远意义和现实必然。

1. 中央有部署

中央提出了全面实施乡村振兴战略的重大决策部署，指出乡村振兴，生态宜居是关键。良好生态环境是农村最大优势和宝贵财富。必须尊重自然、顺应自然、保护自然，推动乡村自然资本加快增值，实现百姓富、生态美的统一。

2. 百姓有期盼

随着决胜脱贫攻坚，百姓在增加家庭收入、发展特色产业、实现稳定脱贫的同时，更加致力于改善人居环境、提升精神面貌。

3. 历史底蕴深厚

榆树乡火站村有着悠久的人文历史，是明代通往秦州（今天水市秦州区）的茶马古道上的徽州茶叶批验所、巡茶察院所在地，村内有巡茶察院行台、珠临寺、尹家庄等历史遗迹，为建设美丽乡村筑牢了人文基础。

二、举措与实践

榆树乡火站村以精准扶贫、精准脱贫为着力点，坚持把脱贫攻坚、绿色发展、加快实施乡村振兴战略一起谋划实施，依托独特的气候、地理、生态环境等优势，按照产业兴旺、生态宜居、乡风文明、治理有效、生活富裕的总要求，多措并举、攻坚克难，为贫困群众走上新路、住上好房、鼓起钱袋、过上好日子而努力奋斗，乘着新时代的浩荡春风，谱写出乡村振兴新篇章。

1.坚持党建引领，让美丽乡村“强”起来

“条条马路铺到户，盏盏路灯亮民心，困难群众常挂念，家家户户和谐风”，这是火站村党建引领发展的真实写照。火站村把加强基层党建作为美丽乡村建设的动力引擎，党员干部争当“领头雁”，农民群众干劲十足，引领美丽乡村建设迈出坚定步伐。图14-1为火站村党群服务中心。

▲ 图14-1　火站村党群服务中心

（1）突出思想教育，夯实根基

突出理论学习。火站村扎实开展“不忘初心、牢记使命”主题教育，着力推进“两学一做”学习教育常态化、制度化，认真学习党章党规，习近平新时代中国特色社会主义思想和系列重要讲话精神，党的十九大精神及省、市、县各类会议精神，把学习的过程与贯彻各项重大决策和重要工作部署结合起来，与更好地推动全村持续发展结合起来，用党的最新理论成果武装头脑、指导实践、推动工作。

加强学习。组织村社干部和党员群众通过专题讨论、以会代训、座谈交流、观摩学习等方式，对美丽乡村建设内容进行教育培训，引导干部群众积极参与建设。

（2）突出组织建设，建强堡垒

火站村切实以“三标一体”全面推进党支部建设标准化（围绕党章对党支部的职责定位，通过推进管理标准化、服务标准化、考评标准化，达到党支部建设标准化）为抓手，深入实施农村基层党建“五推进工程”（强化乡镇党委主体责任，推进党委管村；强化驻村帮扶工作力量，推进干部帮村；选优配强村级班子，推进能人治村；推行“党支部+”模式，推进产业富村；加大农村实用人才培养力度，推进人才兴村），全面推行“三双一评”（双亮，亮明干部身份、亮明工作；双责，工作职责、廉洁职责；双承诺，政治品格承诺、工作担当承诺。一评，严格考核评议）党员干部教育管理机制和“一个办法、三个流程、两项机制”（村干部管理办法，村级落实强农惠农政策流程，村级集体事项决策流程，村民个人申办事项流程，村民自我约束管理机制，支部引领产业发展机制），不断加强村党支部建设，建强基层堡垒。严格执行“三会一课”、民主评议党员等党内制度，深入推行村干部绩效月考评的报酬月发放机制，不断激发村干部和群众的干事创业激情，以新时代文明实践为载体，设立党员志愿服务点，安排党员参与美丽乡村建设各个环节，增强党员的荣誉感、成就感和投身美丽乡村建设的积极性。

（3）突出作用发挥，当好模范

火站村充分发挥党支部战斗堡垒作用和党员先锋模范作用，以“主题党日”等活动为载体，组成党员先锋队，在美丽乡村建设中“干在群众前”“带着群众干”，并发挥公益性岗位人员优势，常态化清理村内生活垃圾和路边杂草，带动群众对自家房屋院落进行美化亮化，不断激发群众内生动力，调动广大群众积极性，形成了“党群齐治理，火站大变样”的生动局面，促进村庄整体面貌改善。

2. 整治人居环境，让美丽乡村“靓”起来

徽县把农村人居环境整治作为提升对外形象，提高群众幸福指数的“重头戏”，按照中央“实施农村人居环境整治三年行动计划”的基本要求，创新提出了“把农村当城市建、把农民当市民管、把公路当公园修、把产业基地当旅游景点来打造”的农村一体化提升发展思路，统筹脱贫攻坚、美丽乡村建设和全域无垃圾创建，率先启动实施“一拆二改三清四化”（拆除危房，改厕、改圈，清理乱堆、乱倒、乱排，硬化巷道、美化庭院、绿化村庄、净化环境）人居环境整治专项行动，着力创建生态宜居、村容整洁、环境优美、幸福和谐的美丽新农村。

榆树乡火站村按照市县工作思路，在人居环境治理的过程中，以“美丽乡村助力乡村振兴”为主题，以聚焦群众最关心的环境卫生为重点，广泛开展“拆危治乱”（对农村长期闲置废弃的危房、老旧房、“空心房”、草房圈舍进行集中拆除，对影响村容村貌的残垣断壁和“脏乱差”现象进行集中治理）以及“一拆二改三清四化”专项行动，推进村庄绿化、美化、亮化，为美丽乡村增添活力。

（1）不断夯实基础设施

火站村把基础设施建设作为建设美丽乡村的切入点，着重在道路硬化、危房改造、文化广场、人饮工程上下功夫。全村共实施危旧房改造34户，人居环境改善26户，彻底解决了全村群众的住房安全问题；硬化通村公路6公里，2个社通社道路6.5公里，60户群众通户路1 700余米，建成便民桥4座，彻底解决了群众出行难问题，让“晴天一身土、雨天两脚泥”成为历史。火站村新修文化广场2座1 900平方米，配套了健身器材，新修护村河堤200余米，仿古式护栏130米，安装太阳能路灯26盏；全面完成涉及60户群众人饮工程，实现安全饮水全覆盖。图14-2为火站村基础设施建设情况。

▲ 图14-2　火站村基础设施建设

（2）扎实开展“拆危治乱”“一拆二改三清四化”

火站村共拆除危房、圈舍100余间1 300余平方米，拆除残垣断壁20余处，对拆除地进行有效治理，按照榆树乡党委、人民政府“三百长廊”（打造百里樱花大道、百里竹韵长廊、百里花海长廊）建设工作要求，编制竹篱笆1 000余米，木围栏1 200余米，用竹篱笆围住了“乡愁”。打造茶马古道茶叶运送情景文化雕塑1处，栽植樱花1 700余株、竹子5 000余株，栽植月季、蔷薇、格桑花等10余类花卉200余平方米，户均栽植月季花5株，切实从根子上改善了村容村貌和户内人居环境。图14-3为火站村自然环境整治。

（3）着力推进厕所革命

火站村深入践行“绿水青山就是金山银山”的发展理念，在巩固提升脱贫攻坚成效的基础上，紧扣人民群众对美好生活的向往，全面打响“厕所革命”攻坚战，助力美丽乡村建设，助推乡村振兴。

▲ 图14-3　火站村自然环境整治

火站村把群众认同、群众参与、群众满意作为"厕所革命"的出发点和落脚点，以建设无公害化卫生厕所为重点，"宜水则水、宜旱则旱"，因地制宜，科学指导群众建厕改厕。火站村在建设中采取"四统一分"（统一规划、统一设计、统一标准、统一标识、分户实施）以及"四同步"（建设与监管同步、完工与验收同步、竣工与使用同步、建新与拆旧同步）方式推进改厕质量及进度。积极争取帮扶单位交通银行甘肃省分行帮扶资金48.6万元，为41户常住群众新建了砖混结构、分区合理，集厕所、洗浴、废水处理于一体的节水卫生厕所，卫生厕所采取统一采取5平方米厕屋，室外灰白涂料，室内贴瓷砖，1.5立方米PE一体式三格化粪池，配套全瓷蹲便器、节水压力罐、自动冲水器、防臭器、透气管等配件。为达到节水要求，每户安装循环式节水压力罐，可将生活废水统一收集，直接冲厕。化粪池建设按照户均3人计算，年抽取粪污1～2次，粪污通过化粪池厌氧发酵后，可直接还田，"厕所革命"的实施从根子上刷新了火站村"颜值"（图14-4）。

▲ 图14-4　火站村"厕所革命"

（4）全面开展“全域无垃圾”专项治理

火站村结合“拆危治乱”“一拆二改三清四化”专项行动，在全村开展“全域无垃圾”专项治理，对全村公共场所和农户庭院实施“五清”（清扫垃圾、清除柴垛、清除粪堆、清除杂草、清除路障），整治“六乱”（乱堆乱放、乱修乱建、乱停乱放、乱涂乱画、乱扔乱倒、乱拉乱挂），做到“三无”（无卫生死角，无“三堆”：堆土堆、堆草堆、堆杂物，无脏乱差现象），使村容村貌明显改善、乡村环境整洁优美、人居环境文明宜居。图14-5为火站村人居环境整治。

▲ 图14-5 火站村人居环境整治

力量集中，有作为。火站村充分发挥妇联以及群团组织力量，组织党员、志愿者、公益性岗位、群众定期集中清理广场、背街小巷、水沟、房前屋后杂物、沟渠污泥，清扫村社道路，环境卫生得到极大改善。**创建“超市”，有热情。**创建“家美积分超市”，超市陈列洗衣液、洗洁精、香皂、脸盆、碗筷等各种日常生活用品，超市不能用现金买东西，只能用积分兑换。以家庭为单位，以寻找“最美家庭”、创建“美丽庭院”、道德模范和“五星文明户”评选为重点，以环境卫生整治、家庭文明新风培育、热心公益事业等具体内容获得积分，群众凭积分在超市兑换相应价值的物品，激发了群众参与建设美丽家园的热情和积极性。**宣传引导，有带动。**村上通过召开专题会议、悬挂横幅、张贴标语、入户宣传动员、微信、乡村大数据等多种方式，积极宣传“全域无垃圾”专项整治行动，引导群众树立人人关心环境、人人重视环境的良好意识，号召群众一起加入“全域无垃圾”环境综合治理行列中来，营造“人人参与，全民动手”的浓厚氛围，共同创造美好幸福家园。

3.发展特色产业，让美丽乡村“富”起来

榆树乡火站村按照徽县县委、县人民政府“123带动百千万”产业扶贫工程（1：全县每个村有1个主导产业，每户贫困户至少有1项产业增收项目。2：用好县财政为每个行政村

平均安排的20万元产业扶持资金。3：每个村创办1个县级以上农民专业合作社示范社，至少培育1个电商扶贫示范点，创建完成1项“三品一标”产品认证。百：以农村“三变”改革为载体，以扶贫资金为杠杆，以农民专业合作社为平台，动员群众积极参股，每个村撬动社会资本、民间资本投入100万元以上。千：发挥产业扶贫主渠道作用，确保贫困户实现人均增收1 000元以上。万：以特色产业为支撑，力争2020年，全县农民人均纯收入稳定超过1万元）总体思路，把产业扶贫作为带动贫困户脱贫增收、激发内生动力、建设美丽乡村的有力抓手，依托本村有利自然环境、结合贫困户发展意愿，采用“党支部+合作社+贫困户”扶贫模式，带领全村群众发展土蜂养殖产业，切实激发其自身“造血”机能，让群众“钱袋”鼓起来，让美丽乡村建设成为行动自觉，为乡村振兴增添动力。

火站村由党支部牵头，创办火站村土蜂养殖农民专业合作社，注入产业扶持资金44.5万元（其中帮扶单位交通银行甘肃省分行产业扶持资金10万元），以村集体持股、贫困户配股的方式，带领全村群众以及贫困户发展中蜂养殖产业，养殖中蜂1 000余箱，累计为贫困户分红4.7万余元，村集体分红3万余元（图14-6）。

▲ 图14-6 火站村中蜂养殖

（1）请专家传技术，提高蜂农科学养蜂水平

火站村积极与县直部门沟通联系，选派一名农技员，对采蜜、防虫、用药安全等进行指导。同时，邀请徽县养蜂协会的养蜂专家为蜂农举办科技培训班，到实地进行“面对面、心贴心、手把手”的技术指导。科技指导员以及专家为蜂农解疑释惑、把脉开方，帮助蜂农解决了在养蜂生产中长期困扰的技术难题，提高了蜂蜜品质，提高了经济效益。

（2）“五统一”送服务，助推蜂农增产增收

火站村针对本村季节性多变、养殖技术要求高、蜜源不稳定等特性，积极探索有效措施，全方位给予养蜂户帮助指导，提供优质服务。村上实行“五统一”（统一养蜂品种、统一购买蜂具、统一管理技术、统一品牌包装、统一销售蜂蜜）的产前、产中、产后“一条龙”服务，节省了人力、物力、财力，提高了效率，有力促进了蜂农的增产增收。

（3）重特色创品牌，走“互联网+养蜂”道路

火站村实施“互联网+养蜂”发展路子，创建了火站村电子商务中心，开通淘宝店铺“贵州甘肃我的家”，注册了“火站土蜂蜜”品牌，同时利用微信、微博等方式，不断加大对火站养蜂品牌的宣传、推介力度，提高养蜂市场竞争力和占有率。通过淘宝，蜂产品已销售到贵州、江苏、云南、河北、陕西等地，在网上销售千余斤，销售额达到20余万元，在提高火站养蜂知名度的同时，增加了贫困群众收入。图14-7为火站村扶贫配股分红大会。

▲ 图14-7　火站村扶贫配股分红大会

4.培育文明乡风，让美丽乡村“美”起来

“万民乡风，旦暮利之。”乡风文明是乡村振兴的灵魂，抓住乡风文明建设，就抓住了乡村振兴的关键。近年来，榆树乡火站村坚持以“美丽乡村 · 文明家园”为主题，以德为本，以评选先进典型、评选文明实践户、创建文明村为载体，不断提高全村社会文明程度，推动全村精神文明建设工作再上新台阶。图14-8展现了火站村美丽乡村建设成效。

（1）推进移风易俗，共筑文明乡风

文明节俭办理红白事是“民风建设”的一个有效载体。近年来，榆树乡火站村深入开展“推进移风易俗、树立文明乡风”系列活动，并通过微信、微博进行舆论宣传，营造了文明节俭办理红白事的浓厚舆论氛围。婚事新办、丧事简办，正逐渐成为广大老百姓的共识。同时，火站村制定了村规民约，将移风易俗要求全面融入村规民约，使之真正成为群

▲ 图14-8 火站村美丽乡村建设成效

众自主推动移风易俗的重要抓手，用民间舆论、群众评价的力量褒扬社会新风、批评不良现象，引导群众自我约束、自我管理、自我提高。

（2）**强化道德教育，弘扬社会风尚**

榆树乡火站村充分依托创建的新时代文明实践站，在全村进行“好婆婆、好媳妇、最美家庭”评选活动，不断深化“文明家庭”“文明实践户”创建，评选出了一批“孝老爱亲、助人为乐、诚实守信、敬业奉献、见义勇为”的好榜样，“崇尚好人、学习好人、争做好人”的社会风气蔚然成风。同时，积极组织妇联、团委组成志愿者服务队，定期为五保老人、困难群众、留守儿童上门开展打扫卫生、教书、捐赠物资等活动，切实让他们感受到温暖，并将好人好事进行公示公开，切实发挥好榜样的示范带动作用，着力培育一批具有勤劳致富、诚实守信、孝老爱亲、见义勇为、助人为乐等品质的群众身边的好人，让群众在互评互议、互比互学中受到教育、得到提升，自觉讲道德、守法纪，向上向善。

（3）**践行价值取向，丰富群众生活**

火站村利用村级事务公开栏、便民信息交流群等媒介，分享社会主义核心价值观公益广告，用图文并茂的方式向广大群众阐释社会主义核心价值观的内涵和要求，向人们传递着道德的力量。扎实开展扫黑除恶、矛盾纠纷排查调处工作，为全村发展营造和谐稳定的氛围。同时，积极与县乡沟通联系，在村内举行健康义诊活动，让老百姓在家门口就能看病就医，满足群众的日常需求，用实际行动温暖群众内心。在重阳节，组织帮扶干部、村社干部以及党员慰问60岁老人，在全村营造关爱老人、孝敬老人的氛围。开展“传家训、立家规、扬家风”活动，引导“家家户户写家风、晒家训”，发挥好“格言警句口口相传、村规家训代代教化”的作用，延续乡村传统道德，影响群众的价值取向和行为规范，为美丽乡村建设提供了精神内涵。

三、成效与反响

榆树乡火站村美丽乡村建设取得了显著成效，全村人居环境、垃圾、污水得到了有效治理，脏乱差突出问题得到遏制；实施“拆危治乱”以及“一拆二改三清四化”，打造了生态绿色景观，为乡村旅游发展奠定了基础；挖掘本村茶马古道文化，建设文明家园，群众的文化生活和精神面貌明显改善；培育特色产业，创新产业发展模式，为农民增收搭建了新平台；完善基础设施，加强、房、水、路、电、网等基础设施建设和社会事业发展，促进了公共服务全覆盖。全村人居环境大幅改善、幸福指数显著提升、群众生活幸福美满、农村社会和谐稳定。

乡村振兴战略，是擘画新时代“三农”的壮美图卷。实施乡村振兴战略需要自下而上的内生动力，地处山区的火站村不断探索党建引领、文化传承、产业发展、乡风文明、环境优美的形式，真正“让乡村美起来、让文化活起来、让产业兴起来”，为乡村振兴打开更为广阔的空间。

河北·滦州
LUANZHOU·HEBEI

滦州市，由河北省直辖，唐山市代管。地处河北省北部，滦河西岸，西北距北京220千米，西南距天津136千米，西距唐山35千米，东距秦皇岛市82千米，总面积为1 028平方千米。截至2018年年末，滦州市下辖4个街道、10个镇。滦州市人民政府驻滦河街道滦河西道3号，辖区户籍总人口57.39万。

滦州市自古就以滦州为地名，殷商时期属黄洛城旧址，是孤竹国所在地，素有“关西第一州”之称，是集国家卫生县城、国家园林县城和全国文明县城于一身的县级城市，被评为“中国滦河文化之乡”“中国最具投资价值旅游城市”。1988年3月，经国务院批准，被列为沿海地区开放县。2018年9月，经国务院批准，同意撤销滦县，设立县级滦州市，以原滦县的行政区域为滦州市的行政区域。 2019年10月8日，入选2019年度全国投资潜力百强县市。入选2019年度全国新型城镇化质量百强县市。

2018年，滦州市实现生产总值503.28亿元，实现财政总收入53.2亿元。

案例十五

精心创办农宅“红色小屋”吹响乡村文化振兴号角

——河北省唐山市滦州市农业农村局

为推进“两学一做”学习教育常态化、制度化，加强党员教育，并力促乡村振兴工作有效推进，滦州市响嘡街道老陈营村在街道党工作委员会指导下，精心筹建了河北省首家农宅“红色小屋”，让红色文化浸润乡村。

一、背景情况

2017年7月，老陈营村党支部在本村一位八旬老前辈和街道党建工作办公室全力配合下，利用一个月的时间搜集整理了毛泽东生平经典图片、诗词、书法、文章来进行展示，让全街道党员干部群众感受一代伟人风采。广大党员干部通过瞻仰伟人风采，领略领袖丰功伟绩，提高了思想境界；通过学习井冈山精神、长征精神、延安精神、西柏坡精神，整顿思想作风，改进了以往的工作作风，增强了带领群众做好各项工作的自觉性；重温纪念白求恩、为人民服务、愚公移山这“老三篇”文章，使每名党员干部牢固树立了全心全意为人民服务的宗旨观念。

“红色小屋”（图15-1）的建立，现已成为老陈营村当地党员干部的“第二课堂”和

▲ 图15-1 “红色小屋”图片展

“精神家园”，成为传承红色基因的重要阵地，成为强化理想信念的“加油站”，成为弘扬优良作风和革命精神的重要载体，推进了“两学一做”学习教育常态化、制度化的生动实践，更是积极引导了党员干部继承革命传承、缅怀革命先烈、弘扬革命传统、争当时代先锋、凝聚党心民心、汇聚干事创业的力量源泉。

二、举措与实践

1.弘扬红色文化，激发传承红色精神的激情

“红色小屋”的创建增强了全街道党员干部的宗旨意识和党性观念，通过学习红色教育，鼓舞了本地党员干部的工作干劲、振奋工作精神。一年来，在革命老前辈的大力支持下，三间“红色小屋”每天都有村民进行参观学习，同时也达到了“红色文化进农村、进农户”的目的，与此同时响嗟街道办事处和老陈营村党支部充分利用“红色小屋”，定期为全村党员上党课，八旬老前辈每天不厌其烦义务为参观者讲解一代伟人的事迹，强化了每名党员干部的大局意识和宗旨意识，为该村村党支部依托“红色小屋”扎实推进党员教育，扩展服务村民提供了坚实的基础保障。

2.弘扬红色文化，激发热爱家乡的热情

响嗟街道老陈营村通过创建“红色小屋”，激发了全村党员热爱家乡的浓厚感情，与此同时该村结合“红色小屋”的建立，陆续开办了村史馆，编撰出版村史书籍，同时利用村西文化广场，组织村民开展广场舞、乐器演奏表演等项娱乐活动，通过追溯本村历史记忆，鼓舞村民士气、提振村民热爱家乡、建设家乡的热情。图15–2为响嗟街道红色文化汇演。

▲ 图15–2　响嗟街道红色文化汇演

3.弘扬红色文化，激发党心民心的凝聚

响嘡街道老陈营村依托“红色小屋”坚持开展党员五项教育，增设两个代办和大学生村官帮办、党员与困难群众结对子等有效机制，实现了为村民服务的“零距离”，减少了干群之间的矛盾纠纷，拉近了干群关系，特别是在村内各类事项上，村干部从不搞“一言堂”，总是召开党员和村民代表会议，事事采取共同商议决定的方式，融洽了党群、干群关系，凝聚了党心民心，保持了群众“零上访”的局面。

4.弘扬红色文化，激发党员的理想观念

响嘡街道老陈营村通过创建“红色小屋”，引导全村党员干部树立工作争先锋、事事做表率的大局意识和一心为民的观念意识，依托每月10日的党员主题活动日和全村党员干部微信平台，及时传达党的方针政策，利用“七一”“十一”积极举办党员革命传统教育演出，进一步提高了党员的理论水平、政治素养和能力素质。以村级大讲堂，充分展示本村涌现出的好党员、好干部、好村民的典范事迹。通过正能量的传递，激发了每名党员的理想观念。

三、主要成效

响嘡街道老陈营村通过创办“红色小屋”，接受革命传统教育，增强了全村党员干部的新活力、受红色文化正能量的影响，在全村村民当中形成了无形的凝聚力，具体体现在3大变化。

1.党员干部为民意识增强

全村党员干部相互扯闲篇的没有了，积极为村民谋福利的多了，特别是在乡村振兴创建工作中，全村6名村两委班子成员，每天分工包段，尽职尽责做好自己分管的工作；涌现出为建村史馆和“红色小屋”不讲任何条件不要任何报酬的老党员杨文政；为让村民全力支持乡村振兴创建，不顾自身疾病挨家串户，为村民做宣传的村干部李户。

2.村庄更加生态宜居

通过党员干部群众的不懈努力，老陈营村发生了巨大变化。

（1）村庄基础设施更加完善

村内所有街道全部铺设了高标准柏油路，集果树、杨、槐、梧、花草等植被环绕蔽护的立体性绿化初见成效，污水收集管网及处理设施建成并投入使用，4 500余平方米的村民活动广场功能齐备，面向全市、走向全省的党性教育馆建成并投入使用。

（2）产业支撑更加有力

老陈营村年内吸引并争取了2019年度扶持壮大村集体温室大棚项目、2019年度“美丽中国河北样板”项目落地，总投资达420万元。高标准温室大棚建成4个，环村水系提升改造完成，建成旅游服务中心1处，利用村内空置农宅改造3处民宿，“以旧复旧”方法墙

体修复完成，筹建完成的村史馆投入使用，集采摘、红色教育和游玩、住宿餐饮于一体的“产业兴旺”新农村初见规模。

（3）管理有效渐成规范

老陈营村充分利用市关于农村垃圾清运的相关政策，村内组建了长期稳定的保洁队伍，修订完善了村规民约及村庄公共设施的管控维护机制，全村真正成为民风淳朴、秩序井然和谐、“户在绿中、人在花中”、一年三季花果飘香、绿意盎然的“绿色氧吧小镇”。

3.党心民心无比凝聚

老陈营村依托红色小屋承载的文化渗透，激励了党员争先锋做表率的热潮。一年来，全村党员干部，为村民干实事、好事达80余件，为村民创建文化广场1处，标准图书室1间，内设图书800余册，为村民开通了党员远程教育网络，为村民学习知识、学习技术，提供了便利条件。

四、经验和启示

老陈营村创办“红色小屋”为全村党员干部群众树立了以学习为先导、以先进文化汇聚正能量、全面推动全村各项事业尤其是乡村振兴事业较好发展的强有力保障，同时得到以下3点启示。

1.先进文化教育提振全员士气

老陈营村通过开展红色宣传教育提高了全村党员的思想觉悟，增强了党员干部观念和修养，凝聚了向心力。实践证明，开设有教育意义的活动场所，必然凝聚思想达成共识，激发干劲、提振党员干部的精气神，铸就党员干部成就一番事业的信心和决心。

2.先进文化教育推动各项工作

老陈营村通过开展红色教育，基础设施建设空前完备，硬化、绿化、亮化、美化样样俱全，产业、服务、学习、游玩、采摘、餐宿面面俱到。老陈营村创办“红色小屋”的实践启示我们，利用先进文化积极引导党员干部树立正确的人生观和全心全意为民的主动性，村庄就和谐，村民就得实惠，村级各项事业就会大发展、快发展。

3.先进文化教育创新工作思路

老陈营村创办“红色小屋”，开创了一个新载体，凝聚党员干部群众的力量，特别是在乡村振兴创建和农村“六个一”[1]基层党建创建中，该村党员干部群众，纷纷不计报酬，争先出义工，减少村内开支，用自己的行为，锻造了一支工作务实，作风过硬的干群队伍。实践证明，创新的教育方式定会增强党员干部的动力，更能把党员干部的思想统一到全村各项工作当中，并以此激发全村各项工作争先创优热情。

1.“六个一”：“围绕一个总目标、建设一个好班子、打造一支好队伍、走出一条好路子、建立一套好制度、建设一个好阵地”。——编者注。

福建·永定
YONGDING·FUJIAN

永定区（古属汀州府永定县）为龙岩市辖区，位于福建省西南部，东连南靖县，东南与平和县交界，西南与广东省大埔县、梅县相接，西北与上杭县相连，东北与新罗区毗邻，总面积2 223平方千米。自新石器时代起就有人类聚居、繁衍生息。明成化十四年（1478年），析上杭县，置永定县。2014年，撤销永定县，设立龙岩市永定区 。

永定是“南方矿区”“烤烟之乡”，地热资源居龙岩市第一位。境内溪流分属汀江、九龙江、梅江三大水系，汀江、永定河、金丰溪、黄潭河、抚溪、岐岭溪等流域面积100平方千米以上。棉花滩水电厂为福建省第二大水电厂。永定是“红色摇篮”革命老区、中央苏区的重要组成部分。辛亥革命爆发，在闽西首举义师响应。1926年夏，在湖雷建立福建省第一个中国共产党农村支部。1928年6月29日至7月初，共产党人举行“永定暴动”，建立福建最早的一支红军队伍。永定是“客家故里”、纯客家县，客家人重要的聚居地和货物集散地之一，是全国对台工作重点县、“海峡两岸交流基地”和福建省八大侨乡之一。

永定是“土楼之乡”，是福建土楼的发源地和核心分布区。2008年7月，永定客家土楼成功列入《世界文化遗产名录》。2013年12月，永定县荣获“中国旅游百强县”称号。2019年3月，被列为第一批革命文物保护利用片区分县名单。

案例十六

加强乡村红色资源保护与开发 让"红色宝藏"活力四射

——福建省龙岩市永定区农业农村局

高陂镇西陂村（旧称西坡岭）坐落于高陂镇以西，永定区北部笔架山南麓的永定河畔，是高陂镇最大的行政村，现有46个村民小组，1 631户6 966人，设西陂党总支部，下辖3个党支部，党员182人（其中女党员32人）。

一、基本情况

1929年5月毛主席曾在西陂村住了三天三夜，期间边养病边思考中国革命的出路问题。同年8月在毛主席指导下在西陂村成立了太平区革命委员会，领导太平苏区经济建设，使西陂村成为土地革命战争时期太平区委、区苏维埃政府所在地。太平苏区是闽西苏区的桥头堡、第一直属区，西陂村是省委、省苏维埃政府诞生地，是中央红色交通线枢纽，是闽西后勤保障中心。20世纪20年代后期至30年代初，红四军在毛泽东、朱德等同志率领下一举攻下龙岩城时，朱德同志曾在西陂天后宫为红军和赤卫队作过演讲，宣传革命真理。老一辈革命家长期的革命斗争经历，在西陂村留下了许多太平区苏维埃红色旧址。据统计，全村约有20多座土楼与"红色"相关。西陂村至今保留着3个全国罕见的红色文化资源：一是现在西陂村保留着的苏维埃地名，依然有苏维埃村民小组，体现了老百姓对党的深厚感情，决心跟党走的信念。二是西陂村为红色审判机构起源地——"闽西秋收总暴动"（太平里秋收暴动）裁判部。三是西陂村为农村信用合作社起源地之一，太平区苏维埃信用合作社旧址"裕安堂"保持完好（图16-1）。

近几年，西陂村充分发挥红色资源丰富、生态环境优良等优势，以实施乡村振兴战略为契机，干群一心，建设美丽家园，取得了较好的成绩，获得了第四批"中国传统村落"、国家3A级旅游景区、福建省水利风景区、福建省"千村整治·百村示范"美丽乡村、福建省乡村振兴试点村、龙岩市乡村旅游试点村、龙岩市"最美古村落"、永定区"十大美丽乡村"等荣誉称号。

▲ 图16-1　永定太平区信用合作社旧址

二、主要做法

西陂村紧紧围绕“红色古村”着力在红色文化资源“建”“管”“用”上下工夫、出实招，打造“永远的苏维埃”红色研学基地。主要做法如下：

1. 立足“保护好”，使红色旧址“活”起来

（1）摸清“红色资源底数”

西陂村积极组织开展革命文物的定期排查，建立革命文物保护项目库，做好革命文物保护单位推荐申报工作。在先后组织开展的苏维埃、中央红色交通线等主题文物摸排中，西陂天后宫于2006年被列为国家文物保护单位，还有3个省文物保护单位，6个县文物保护单位，12个文物正在申报县文物保护单位。

（2）修复修缮红色文物

西陂村积极争取1 100余万元的财政资金用于革命文物、旧址的修缮。注重片区保护、专题保护和线路保护，实施西陂古巷道修复、苏维埃旧址修缮、老屋拯救行动等项目，苏维埃广场、壩塘圩广场以及3处红色旧址修复修缮工程正在进行前期工作。

（3）专人专职管护

成立了管理委员会，专人专职对天后宫、苏维埃旧址群、灵鹫寺及其他红色旧址进行统一管理保护；成立消防安全领导小组和义务消防队，建立健全灭火应急预案、防火巡查检查、用火用电安全管理等制度，做好红色旧址消防安全工作。图16-2为修复保护的红色文物。

▲ 图16-2　修复保护的红色文物

2.立足"开发好"，使红色文物"靓"起来

（1）深挖红色文化故事

西陂村深入挖掘革命旧址承载的"红色基因"，讲好文物背后的人文精神和革命情怀，组织村里的文化学者、有关史学专家开展西陂红色故事征集、整理工作，讲好西陂红色故事。

（2）改善红色古村环境

西陂村开展农村人居环境整治专项工作，重点整治西陂村红色旅游线路的风貌管控、环境卫生，特别是红色旧址房前屋后的"脏乱差"问题，积极实施村庄亮化美化工程、西陂天后宫至古村落道路"白改黑"工程（图16-3、图16-4），完善村内道路、绿化、路灯等基础设施，古村落颜值大大提升。

▲ 图16-3　修复保护的红色文物

▲ 图16-4　修复保护的红色文物

(3) **发展红色旅游产业**

西陂村整合红色文化资源，围绕苏维埃红色农信起源地、革命烈士的故事等，建设主题突出、内涵丰富的太平区信用合作社、红色审判机构、初心馆等展馆，重点打造“永远的苏维埃”红色教育培训基地。今年以来，福建省信用联社先后前往西陂开展“不忘初心，红色农信”主题教育现场教学培训，累计30多期共5 000余人次。

3. 立足“服务好”，使红色文化“兴”起来

(1) **规范管理运营**

成立福建客家红信旅游发展有限公司，对西陂红色文化资源保护开发进行公司化运作，推动红色资源管理逐步制度化、规范化。积极对接社会资本，与军腾国防教育培训基地、龙岩大学生创新创业基地达成合作意向，加快开拓红色研学培训市场，正在策划红色旅游产品创意设计大赛，推出红色主题创意产品，丰富红色文化旅游业态。

(2) **提升服务讲解**

西陂村组建讲解员队伍，组织讲解员赴江西瑞金、伯公凹等其他红色旅游景区开展考察学习活动，邀请文博、党史、礼仪等业界专家进行现场授课，进一步提升服务讲解等“软实力”，以高质量的服务水平赢得游客的认可。

(3) **发动群众参与**

西陂村结合“不忘初心，牢记使命”主题教育，发挥农村党员模范作用，鼓励党员主动亮身份、亮承诺、亮实绩，带头参与到文物保护、红色基因传承以及红色文化弘扬等工作中。引导热心的村民、乡贤组建红色文化宣讲志愿队，进村入户宣传发动，营造浓厚的

氛围，推动红色资源保护开发工作往实里走、往心里走、往深里走。

三、工作目标

西陂村——"永远的苏维埃"，一个"初心不忘"的圣地，将以规划引领，进一步完善基础设施，盘活利用好红色资源，让红色基因深植人心，在争取有关部门支持的同时，发挥群众的主观能动作用，坚持传承红色基因，弘扬红色文化，加强招商引资，持续用力、久久为功，努力打造"水乡西陂——红色古村"品牌，打造闽西老区红色教育和红色培训的新名片。西陂村正朝着建设乡村旅游、文化旅游的4A景区，争创"福建乡村振兴示范村"乃至"全国乡村振兴示范村"的目标前进。

福建·清流
QINGLIU·FUJIAN

馬氏宗祠
南山马氏宗祠
福建省第七批文物保护单位
福建省人民政府

清流县，宋元符元年（1098年）置县，隶属汀州，位于福建西部，武夷山南侧，九龙溪上游。1983年始隶属三明市，总面积1 806.3平方千米，其中陆地1 764.15平方千米，占总面积97.67%；水域42.15平方千米，占2.33%。清流县东接永安市、明溪县，西连宁化县东部，南与连城、长汀县相接，北与宁化县南部、明溪县相邻。清流县是全国商品粮基地县、全国重点林业县和全国农村初级电气化县，也是全国南方桂花重要基地和全国最大的罗汉松生产基地。

清流县是著名的客家祖地之一，全县客家风情浓郁。森林覆盖率84%，无烟煤、莹石、钨等矿藏量丰富。2012年12月13日被中国经济林协会授予“中国金线莲之乡”的称号。

2020年3月，获得“全国村庄清洁行动先进县”称号，被中央农村工作领导小组办公室、农业农村部予以通报表扬。

案例十七

用足“海峡”政策　用活“海峡”资源 走出乡村振兴特色发展之路

——福建省三明市清流县农业农村局

在赖坊镇的精心指导下，南山村紧紧围绕乡村振兴“二十字”总要求，坚持发挥党建引领作用，内增发展动力，外引台企共建，用足“海峡”政策，用活“海峡”资源，贯通“海峡元素”，力促三次产业融合发展，努力走出了一条具有南山特色的乡村振兴之路。

一、背景与起因

1. 乡村振兴时代要求

当经济社会发展进入高质量发展阶段后，结构性矛盾上升为主要矛盾，发展对资源投入要素量的依赖程度下降，这需要农业从增产转向提质，农业的要素供给向生态空间、文化传承、新消费载体等转变。

2. 生态文明战略要求

南山村有特色产品包括中国地理标志保护产品、福建省名牌产品，有水域面积约400亩，水质优良，湖边生态环境优美，千年古樟树郁郁葱葱环绕周边，是天然生态氧吧。将生态环境优势转化成生态农业、生态工业和生态旅游等生态经济优势，这成为村园一体化发展的重要方向。

3. 海峡两岸发展要求

南山是中国传统村落，南山宗祠群8幢获批省级文保单位，是台湾地区前任领导人马英九福建祖居地，马氏宗祠被列入省级涉台文物保护单位，马氏家训源远流长。涉台的客家文化、宗祠文化、廉政文化等相互交融，是探索海峡两岸融合发展新路的重要平台。图17-1为南山村村容村貌。

▲ 图17-1　南山村村容村貌

二、做法与成效

1. 坚持农业多元发展，耕耘“精致庄园”

南山村独特的气候、山地土壤，特别适合优质茶叶种植，南山村紧抓这一优势，下大力气招商引资，主要种植有烤烟、茶叶、绿化苗木、花生、西瓜等。同时南山村还建成1家水产养殖基地和1家生猪养殖基地。其中茶园是由台湾、浙江、泉州等地客商和本地茶农共同开发，总面积2 000余亩，园内种植有龙井茶、铁观音、东方美人等品种，远销海内外。与清流县金土地花生专业合作社合作开展精准扶贫资金量化折股项目，项目总投资120万元，用于扩大花生生产基地。采取股份合作制，合作期限20年，合作社每年固定分红8万元给南山村，4万元给合作社，超出12万元的利润按出资额分配，超出利润的33.3%给合作社，66.7%给南山村。上述举措，为南山村的产业发展提供了不懈的动力，使农业生产不同类型的“精致庄园”在南山村不断涌现。图17-2为南山村茶山。

▲ 图17-2　南山村茶山

2. 坚持两岸产业融合发展，打造"精致产园"

南山村坚持"内增动力、巧借外力"发展思路，尤其是瞄准台企发展理念新、发展思路好，国内有政策支持等优势，大力吸引台资企业，目前全镇10家台企就有7家落地南山，产业涉及高优种植、特色养殖、农特产品深加工、生态旅游等，其中"海峡元素"成为南山村发展的一大亮点、一大特色。

（1）提升产业承载力

利用原南山中学建设占地面积200亩的清流台湾农民创业园赖坊加工区，优化台资企业承载能力和配套功能，吸引了省级龙头企业双秋公司及三明市大丰山食品、东方美人茶叶等11家企业入驻，其中台资企业5家、市级龙头企业4家。

（2）提升环境质量

充分利用南山村被选定为新一轮全省12个国土空间规划试点村之一的机遇，合理布局南山产业发展、生态保护、空间利用。大力推进美丽乡村建设，打造马英九福建祖居地、南山悠然园、海峡两岸茶博园等景区景点，不断优化台商生产生活温馨家园。图17–3为南山马氏宗祠。

（3）提升服务水平

每个台企从落地之初，即安排专人负责，对证照办理、项目用地、用电保障、施工协调、项目申报等工作进行全程跟踪服务。同时，积极引导台资企业充分利用优惠政策，不断加大投入，实现转型升级，做大做强。如帮助台企东方美人茶、智丰茶叶公司争取技改补助，扩建厂房2 000平方米，新上生产线3条，新建晒棚1 000平方米，有效地提高了产能及质量。图17–4为赖坊镇闽台农民创业园农产品加工园。

▲ 图17–3　南山马氏宗祠

▲ 图17–4　赖坊镇闽台农民创业园农产品加工园

3. 坚持文化保护发展，激活“精致学园”

每年的二月初七到初九是南山村的传统庙会，这一传承了数百年的当地民俗，吸引着周边十里八村的村民前来看热闹。“游花棚”也叫“走古事”，这是当地延续百年的民俗活动，保护这一民俗活动，不仅丰富了村民们的精神文化生活，使其成为了当地促进宗亲团结友爱、和睦共处的一个纽带，更成为了当地特有的一个文化符号。南山村还开发出一条古村落文化研学路线，策划推出传统文化研学项目，整合政府、学校、文化传媒及专家学者等多方资源，通过课程化设置、互动式研学，增添原汁原味的古村落文化体验，寓教于乐，推动传统文化走入景点、走进课堂、走进活动，增强青少年和广大居民对优秀传统文化的认知和传承（图17–5），激活他们的文化学习动力，逐步打造“传统文化研学基地”，以“精致学园”带动书香南山、书香家庭、书香社区建设，使传统文化保护和发展与文化研学成为社会新风尚。图17–6为南山村村容村貌。

▲ 图17–5　南山村民俗文化

▲ 图17–6 南山村村容村貌

4.坚持绿色生态发展，构建"精致家园"

南山村立足农业科技与农业产业链的共同建设，建有台湾农民创业园赖坊农产品加工区，建成了占地2 200平方米农民活动中心，还配套建成枫树林公园、悠然公园、樟树林公园等多个公共活动场所。南山村有序开展了集中连片推进的水、路、沟、房等人居环境整治，清理违章搭盖和"空心房"，实施"改水、改厕、改厨、改圈"等整治措施，完成了村居绿化、茶山樱花道、河堤柳薇道建设和古村水系、日月塘、太极塘等清理改造工程，着力打造"田园综合体"，促进生态效益和经济效益的统一。村里聘请了专职保洁员，配齐了环卫设施，使村容村貌整洁有序，初步实现了村在林中、房在绿中、人在景中的目标。目前，南山村荣获了"中国传统村落""全国最美宜居村庄示范""福建省最美休闲乡村""省级美丽乡村建设示范村""市级生态村""市级文明村"及"全市先进基层党组织"等殊荣（图17–7）。

▲ 图17–7 南山村村容村貌

5.坚持人才培养发展，建设"精致乐园"

近年来，南山村邀请了具有丰富实战经验的专家团队作为村里的智库，针对性地研究南山村振兴发展规划，并把新型经营主体带头人、致富带头人、初高中毕业留乡学生、外出青壮年务工人员作为农村实用人才培养的主体，采取陪伴式方式开展培训辅导，努力培养一支既能留得住、有能力又符合乡村实际需要的人才队伍。另外，通过完善“雨露计划”“阳光工程”、农村党员远程教育、职业学校培训等资源，对村民进行针对性的技能技术培训教育，提高村民的就业、创业能力。

三、探讨与评论

1. 基层党组织建设是坚强基础

南山村党支部围绕创建“四联四建”党建品牌，走出一条南山特色党建示范道路，获得了2018年度三明市“先进基层党组织”荣誉称号。首先通过亮身份、亮标准、亮承诺，充分发挥党员先锋模范作用。其次通过“党建+产业发展”“党建+精准扶贫”“党建+基层”治理的“1+3”举措，不断凸显党支部战斗堡垒作用。再次通过与基地联创，建成党建文化宣传阵地、廉政教育示范阵地、“指尖上的党建”阵地等3个基地，形成上下合力抓党建的良好氛围。最后是采取“支部联建、党员联户、村企联动”的方式，不同领域党组织之间互促共建，党员与群众之间结对帮扶，提升党建共联共建合力，进一步强化基层党组织的政治功能和服务功能。

2. 创新发展是动力源泉

乡村振兴道路怎么走，没有现成的、可照抄照搬的经验，既要大胆创新，又要避免出现挖山填湖、破坏乡村自然风貌的现象产生。南山村从农田水利措施、厂房、大棚、棚圈、水渠等入手，努力改善人居环境，还包括房屋、村庄改造，黑臭水体和沟渠治理，清理垃圾堆等。南山村通过“做精一产，接二连三”的发展思路，短短几年时间，培植了新业态，拉长了产业链，南山村从贫困村蜕变成了一个“三产融合”的产业强村。实践的“村园一体化”模式——村即公园、村即农园、村即庄园、村即乐园、村即学园，项目间互补融合的发展之路，推动了农业由增产导向转向提质导向，提升了南山村农业创新力、竞争力和全要素生产率。

3. 发挥特色资源是竞争优势

南山村紧紧依托具有丰富的海峡元素这个特色优势，抓住重点、补齐短板、打造亮点，全力打造有基础、有潜力的示范项目。村里的“古日月潭”与海峡对岸的“日月潭”交相辉映，闽台茶博园、闽台农创园已运营流畅，南山村凭借与台商互动频繁的优势，正着力学习借鉴台湾休闲农业文旅的实践经验，向着农产品加更精致化、文创和旅游服务更精致化迈进，走出一条闽台协作共建之路。南山村用活自身特色资源，为两地产业领域的合作交流搭建平台，为南山加快发展创造契机，与台湾同胞共同推动海峡两岸在美丽乡村建设、精致农业、乡村旅游、文化创意等领域的交流与合作。

浙江·湖州
HUZHOU·ZHEJIANG

湖州市是浙江省下辖地级市，是“长三角城市群”成员城市、环杭州湾大湾区核心城市、G60科创走廊中心城市，地处浙江省北部，东邻嘉兴，南接杭州，西依天目山，北濒太湖，与无锡、苏州隔湖相望，是环太湖地区因湖而得名的城市。湖州市处在太湖南岸，东苕溪与西苕溪汇合处，下设2区3县，面积5 820.13平方千米。2016年户籍人口264.84万。

湖州是一座具有2 300多年历史的江南古城，建制始于战国，有众多的自然景观和历史人文景观，如莫干山、南浔古镇等。湖州是“国家历史文化名城”“国家森林城市”“国家园林城市”“国家卫生城市”，有双渎雪藕、太湖百合等土特产品，同时也是近代湖商的发源地。

2018年12月，湖州市被评为2018中国大陆最佳地级城市30强、2018中国最佳旅游目的地城市第20名。

案例十八

首创农业项目建设“标准地”制度 破解乡村产业振兴用“地”难题

——浙江省湖州市农业农村局

一、背景与起因

“大棚房”整治后，乡村产业发展亟需的建设用地需求和土地保障供给之间的矛盾日益突出。为切实缓解这一矛盾，湖州市坚持问题导向，在全国首创推出农业产业融合项目建设“标准地”制度，以出让农村集体建设用地使用权的方式，成功破解了农业一、二、三产业融合发展的用地难题，有力推动了乡村产业振兴战略落地实施。2019年，全市落实400余亩建设用地用于农业“标准地”项目，让全市81个从事农业一、二、三产业融合发展的经营主体吃上了“定心丸”，同时使项目涉及的75个村级组织的集体资产得到了壮大，取得了多方共赢的效果。

二、做法与成效

1.解决了长期困扰农业经营主体的“痛点”，提振了实施产业振兴的信心

长期以来，由于受农业经营性项目规划滞后、建设用地指标落地难、土地出让成本高和审批手续复杂等因素影响，用地难已成为制约乡村产业振兴的一大瓶颈。一方面，中央号召大力发展休闲农业与乡村旅游等一、二、三产业融合项目，推动乡村经济发展；另一方面，建设用地无法保障，农业经营主体提心吊胆使用一些变通办法，在农业设施用房等场所简单从事一些农业经营性活动。“大棚房”问题整治后，湖州市迅速推出农业“标准地”制度，探索性地提出了以农村集体建设用地使用权出让的方式，让农业经营主体获得建设用地使用权，使用年限最长可以在二轮承包期满后再延长30年，并由不动产登记部门核发不动产登记权证，享受与国有出让土地同等权益。从结果来看，这完全符合新修订的《中华人民共和国土地管理法》有关规定。因此，广大农业经营主体彻底去除了长期困扰的一块“心病”，发展信心大增，纷纷表示要扩大投资规模，全力发展乡村产业。图18-1为美丽湖州。

▲ 图18-1　美丽湖州

2.破解了政府管理难于精准的“难点”，探索出了规范使用土地的经验

湖州市农业“标准地”制度，明确用于农业特色优势产业为基础的休闲农业、农业科技服务、农产品营销服务等一、二、三产业融合发展项目建设。项目实施主体必须是区县级以上家庭农场、专业合作社、重点农业龙头企业。从事休闲农业的，要求种植业土地流转面积达到150亩以上、养殖业土地流转面积达到100亩以上。项目用地额度，按不高于项目流转总面积的2%申请农业“标准地”，一般单个项目用地原则上不超过5亩。制度还明确，农业“标准地”不得用于房地产开发，严禁私自转卖、转租。建设用地使用年限必须与流转土地年限一致，实行同进同出。同时，对项目亩均投资、亩均产值、吸纳当地劳动力就业、带动周边农户等标准进行约定，明确违约责任。一系列制度约定，有力地保证了农业“标准地”姓农的属性，较好地解决了“一管就死、一放就乱”的管理“难点”。图18-2为湖州市晨光。

▲ 18-2　晨光

3. 扫除了村级集体无法受益的"盲点"，增添了乡村产业振兴后劲

以往的建设用地，一般都通过国有出让的方式，村民除一次性获得补偿后，再无财产性收入。而湖州市的农业"标准地"制度，借鉴了农村土地承包"三权分置"的经验，探索将农村集体建设用地的所有权和使用权分离，只出让土地使用权，不进行征收，且对使用范围、方式和使用年限等作出明确规范，确保了"村集体资产不减少、集体经济收入有来源、农民收益得保障"的目标实现，确保土地所有权牢牢掌握在村集体手中。图18-3为湖州的湖光山色。

▲ 图18-3　湖光山色

三、经验与启示

湖州市的农业“标准地”制度明确规定了集体建设用地使用权出让的相关费用，除上缴省以上部分外，其余部分由市、县区奖补给村集体，此项举措也为发展壮大集体经济和促进农民增收增添了后劲，进一步激发和调动了各方积极性，形成了合力，为推动湖州市实施乡村振兴战略，特别是发力农业产业振兴打下了坚实基础。

山东·平阴
PINGYIN·SHANDONG

平阴县，隶属于山东省济南市，别称“玫城”，位于山东省西部，距省会济南市60千米，与肥城、东平、东阿、长清等县（市）区相接。介于东经116° 12′ ~ 116° 27′，北纬36° 1′ ~ 36° 23′，总面积827平方千米。

因地处古东原之阴，东原砥平，故名平阴，此系以“平阴”命名之始。隋代大业二年（606年）设平阴县。泰山余脉纵贯县境中部，西部和北部有黄河流经，南部有山东省第二大淡水湖东平湖润泽，属暖温带大陆性半湿润季风气候区。平阴县地势南高北低，中部隆起，被誉为“中国玫瑰之乡”“中国阿胶之乡”“和圣柳下惠故里”。

截至2018年，平阴县下辖2个街道、6个镇，户籍总人口达37.49万人，实现地区生产总值（GDP）284.89亿元，其中，第一产业增加值29.93亿元，第二产业增加值162.37亿元，第三产业增加值92.59亿元，三次产业比例为10.5 ：57.0 ：32.5。

2019年12月，平阴县成为全国乡村治理体系建设试点单位。

案例十九
盘活本村资源　搭建合作平台 探索乡村振兴发展新路径

——山东省济南市平阴县农业农村局

一、基本情况

山东省济南市平阴县孝直镇付庄村位于济南市最南端，全村220户、887人，土地2 000亩。近年来，平阴县以付庄村为试点，通过土地流转盘活土地资源、社区建设盘活旧村资源、劳务合作盘活人力资源，推动土地向大户集中、产业向园区集中、居住向社区集中，形成了“打工进园区、居住进社区、土地作保障”的运行格局。同时，付庄村组建了土地股份合作社、集体资产股份合作社、社区劳务合作社等合作组织，为土地、资产和劳务等生产要素间开展流通和合作搭建平台，经过几年的不懈努力，实现了农业增效、农民增收、村集体创收、种植大户保收的良好局面，闯出了一条适合本村的乡村振兴新路子。付庄村被评为省级文明村，村支部书记被评为市人民代表大会代表、省级劳动模范。

二、做法与成效

1.以土地流转为先导，发展规模经营，实现三赢局面

（1）转变观念，探索规模经营

传统农业向现代农业转变，需适度规模经营，要规模经营首先就要进行土地流转，否则土地难以显现规模效应。为此，付庄村在“走出去学、坐下来算”的基础上，拿出村里150亩土地先行试点，吸引村内大户进行无公害大拱棚蔬菜种植，当年亩收入突破8 000元，比传统种植模式增收6 000余元，极大地调动了群众发展蔬菜种植的积极性，部分农户开始承包其他村民的土地发展大棚种植，走规模化经营的路子（图19–1）。

▲ 图19-1　规模化种植收益好

（2）优化服务，引进种植大户

要想种植大户进得来、留得住，良好的基础设施条件和发展氛围必不可少。村里积极争取上级政策，改善农业基础设施条件。通过镇土地流转服务中心对外发布承包信息，先后引进了一批有实力的外地种植大户。付庄村通过同等条件土地调整置换和村干部主动拿地交换，破解连片经营难题。作为全市土地确权登记颁证试点村，率先完成土地确权，进一步稳定了农户承包权，加速了土地流转。借助全镇规划建设南部万亩示范园，引进翠河玫瑰制品有限公司和济南东润种业有限公司，建立了“公司+基地+家庭农场+农户”的链接机制，促进产业向园区集中。

（3）科学管理，完善运营机制

付庄村建立健全合作社章程及入股、分红等制度，坚持市场化运作，村民土地交给合作社统一运作发包，按照每亩每年1 100元的价格发包给种植大户。目前，村内已流转土地1 800亩，参与流转农户180户，引进培植了6个种植大户，注册家庭农场6家，发展蔬菜500亩，玫瑰400亩，林果500亩，良种育种400亩。村民从土地上解放出来增加打工收益，承包经营者通过规模经营提高产出效益，村集体从连片经营新增的70亩土地上每年增收7万元。土地一流转，实现了集体、村民和经营主的三者共赢。

2.以社区建设为契机，完善支撑体系，加快“三个转变”

（1）因势利导，建设新型社区

付庄村用足用活土地增减挂钩政策，积极宣传引导，建立健全社区指挥部推进机制，加快推进建设新型社区，改善群众居住条件。在社区建设过程中，从施工材料进场、建设各环节全程邀请群众参与监督，确保每一户住宅都建成精品工程。目前，社区二期全部建成，利用3年时间，实现村民全部搬迁入住宽敞明亮的楼房。生活方式的转变，实现了村民向社区居民的转变（图19–2）。

▲ 图19–2　付庄村社区建设

（2）复垦旧村，壮大集体经济

付庄村通过社区建设，实施旧村复垦，可新增集约土地300亩。复垦出的新增耕地作为集体资产，交由土地股份合作社统一管理发包，进行土地流转，村集体可年新增收入36万元。集体收入用于村级公共基础设施建设、服务种植大户和群众。

（3）强化服务，增加农民收入

付庄村结合土地流转、留守人员实际，围绕蔬菜、玫瑰、林果产业发展，积极开展以会代训、科技讲座等活动，提高留守人员的农业种植技术水平。探索成立社区劳务合作社，统筹解决了农业经营主体劳动力短缺和土地流转后农村富余劳动力就业问题，架起了经营主体和农民之间沟通的桥梁，与农业园区发展需求相匹配，带动村民打工进园区。按照每人每天最低70元的标准，以劳务输出方式向村内家庭农场、种植大户提供人力资源，既解决了农忙时节人员紧张的问题，又使村民在获得地租的同时得到了务工收入。图19–3为付庄村丰收的喜悦。

▲ 图19–3　丰收的喜悦

3. 以产权改革为基础，优化分配格局，发展“三项事业”

（1）地权变股权，村民当股东

在县镇两级指导下，付庄村全市第一批完成了土地确权，率先为家庭农场、种地大户颁发土地经营权证，形成了集体所有权、村民承包权、经营业主土地经营权“三权分置并行”的格局，各方权益得到充分保障，村民每人每年可净增收入260元。图19–4为付庄村股份合作社分红大会。

（2）收益做后盾，弱势有保障

付庄村村小人少，但60岁以上老人达到180人，占全村人口的20%。为实现他们老有所养、老有所乐，村里拿出土地流转收益的三分之一，用于社区老年人日间照料中心的建设完善和运转资金，保障了老年人的权益。

（3）服务有资金，发展可循环

付庄村复耕出的新增耕地按每户一股组建股份合作社，同时将社区公益事业和基础设施形成的资产移交到集体资产合作社，由合作社对社区居民实施社会化服务。通过市场化

▲ 图19-4　付庄村股份合作社分红大会

运作，统筹农田林网建设维护、村级治安防控、环境综合整治、精神文明建设等村级公共事业，优化干群关系，实现了良性循环。

三、发展规划

下一步，付庄村将秉承创新理念，推动现代农业“一、二、三产”融合发展，努力实现“五变”：“农区变景区、田园变公园、农房变客房、产品变商品、劳动变运动”，把付庄村打造成美丽富饶的现代化新农村。

河北·栾城
LUANCHENG·HEBEI

栾城区，位于石家庄市东南，北距首都北京320公里，距石家庄正定国际机场30公里。京广铁路、107国道从栾城区西部穿过，京深高速公路、308国道和青银高速公路贯穿南北，衡井公路在栾城区中部跨越东西，石家庄市三环路横贯栾城区北部。截至2013年，栾城区共辖5个镇，3个乡，1个街道，182个行政村，人口33万人，占地347平方公里。

2013年，栾城县（现栾城区）区域生产总值175亿元，同比2012年增长9.5%。2014年9月，国务院同意撤销县级栾城县，设立石家庄市栾城区，以原栾城县行政区域为栾城区行政区域。

案例二十
探索全域农村党建示范区建设
提升农村基层党组织工作能力

——河北省石家庄市栾城区农业农村局

一、基本情况

栾城位于省会石家庄市东南部，面积320平方公里，人口33万，辖4镇3乡173个行政村，共有基层党组织589个，党员20 089名。栾城区在村级组织管理过程中，逐渐暴露出一些矛盾与问题，如农村基层组织软弱涣散、农村治理机制不完善等问题。针对这些问题，栾城区委围绕提升基层党组织组织力，积极创新，经过认真反复调查、研究，做出了在全区推进全域党建示范区建设的决定。

2018年以来，栾城区以农村全域党建示范区建设为抓手，173个行政村较好实现活动阵地标准化、组织运行规范化，102个村建起"二级支部"，四级网格化联系服务群众新体系初步建立，高质量完成农村"两委"换届，栾城区荣获全省换届工作先进单位称号。特别是2019年，区委坚持以政治建设为统领，深化全域党建示范区建设"六大行动"，从基本组织、基本队伍、基本制度、基本阵地、基本活动、基本保障等6个方面抓提升，集中开展"三合一"拉练14期，现场观摩155个村，所有村党组织书记拉练一遍，农村党建水平显著提升。全域党建示范区建设就是以推动实现乡村振兴为着力点，瞄准实现组织健全完善、队伍坚强有力、阵地功能完备、制度规范实用、活动丰富多彩五个目标的定位，为实现乡村振兴提供坚强组织保证。栾城区就村务监督委员会、党员排查等做法先后在中央全面深化改革领导小组办公室、中共中央组织部座谈会作交流发言，全市清理集体承包合同现场会在栾城区召开并推广，全区农村基层组织规范化水平和组织力进一步提升，高质量发展的基础更加巩固。

二、主要做法

1. 健全基本组织

（1）高标准严推进，完成村"两委"换届

2018年，栾城区坚持早谋划、早部署，创新举措，严肃纪律，扎实推进，顺利实现了全区173个村百分百全面、优质、稳定换届（图20-1），143个村实现党组织书记、村委会主任“一人兼”，“一人兼”程度达到82.66%。村党组织书记平均年龄由换届前的54岁下降到49岁，村“两委”班子结构大幅优化，各项指标均达到或超出省市要求，栾城区荣获全省农村“两委”换届工作先进单位。党委主导，稳步推进。栾城区召开调度会、座谈会，及时将相关政策要求和领导讲话精神传达给乡镇、村；定期到各乡镇进行调研督导，明确换届选举候选人必须严格按照“两推一选”办法产生。深入摸排，掌握实情。通过调查摸排，做到“三清一策一整治”，即集中整治换届前突出问题，提前化解矛盾纠纷，实行分类指导，一村一策，确保组织意图得到实现。多措并举，物色人选。“本村选”，通过发放征求意见表、测评票等方式，了解村民下步需求和愿望；“深入挖”，充分挖掘潜在人才。对党员群众认可的人员多做思想工作，鼓励他们参选。“外边请”，鼓励对家乡有感情、愿意回乡服务的民营企业家等外出务工经商人员参与换届选举。“单位聘”，启用机关政治素质较高，规矩、核心意识强，有威信，眼界开阔，能带领农村发展、农民致富的退休干部。“多方引”，扩大选人用人视野，走访调研回引本乡本土走出去的大学生。“存量育”，做好现有人才开发，通过专职专选等方式，鼓励支持农村优秀青年、大学生村官多参与村内工作。严格把关，多重审查。建立健全村“两委”干部违纪违法信息通报和及时处理工作机制，建立定期沟通机制，建立村“两委”候选人联审机制，按照乡镇党委初审、多部门联合审查、乡镇党委逐人考察等3道程序。坚持严肃程序，彰显规范。严格落实村“两委”换届“二十二条”和“十四条”程序。要求各乡镇坚持法定程序不变通、规定步骤不减少。增加有关人员政策承诺，将不违反相关政策承诺情况列入公示内容。狠抓纪律，确保公正。换届前，区换届办联合多部门印发严格遵守换届纪律、营造风清气正换届环境的倡议书。组织各村相关人员签订换届工作承诺书。换届中，宣传换届选举的方针政策、法律法规和具体要求。栾城区各乡镇均按照省要求的“三个一百、三个必查、四个必到”严格操作整个换届流程。

▲ 图20-1　栾城区永安村换届选举现场

（2）强管理严考核，配套组织运转有序

在依法完成村“两委”换届选举的基础上，栾城区紧紧抓住以党支部为核心的村级组织配套建设，圆满完成了村级配套组织建设任务，全部产生了村务监督委员会、村民代表、村民小组长以及团委、妇联等群团组织，使农村基层组织的战斗力、吸引力、凝聚力明显增强，农村各项工作呈现出持续发展的好势头。特别是群众最为关注的村务监督委员会建设。狠抓“两个规范”，组织保障到位，规范选任程序。在村“两委”换届过程中，明确人员设置，明确选举条件。栾城区全173个村的村务监督委员会成员共572人，其中村务监督委员会主任173人，村务监督委员会委员399人，以各乡镇为单位全部轮训一遍。规范权力运行。推行村级权力清单制度，明确村级权力清单7大章33条，明确每项权力的出处、边界、实施主体和运行的条件等要素，形成了村级组织用权“路线图”，确保村务监督委员会作用充分发挥。同时，为便于群众对村级组织用权、村干部履职等情况进行有效监督，将部分权力清单内容在村“两委”办公地点公示上墙。栾城区在区委组织部等部门设置专线电话，24小时接听，对不按照权力清单内容实施的情况和个人，一经查实立即进行处理。完善三项制度，依法履职到位，决策监督周参会制度。村务监督委员会成员列席每周召开一次的村“两委”会议，及时向村支部反馈群众的意见，纠正村支部决策中存在的问题，村委会决议必须经村务监督委员会主任签字认可后方可执行。财务监督月审核制度。村务监督委员会每月一次对各种支出票据进行集体会审，对手续不完备的票据退回整改，对不合理的开支予以否决，所有票据由村务监督委员会进行审核签字后，才能进入报销程序。公开监督季把关制度。在每季度村务公开张贴公告之前，村委会把有关日常村务事项、村民会议或村民代表会议通过的决定内容、村委会组织实施的事项、村务监督委员会督办检查验收评议的事项结果提交村务监督委员会，村务监督委员会主任对公开内容的真实性和全面性进行把关，签字认可后方可公开。引导当好“四员”，发挥作用到位，当好“宣传员”。通过召开座谈会，积极宣传政策法规，切实提高群众的法制意识，带动群众参与监督。当好“联络员”，定期对村级事务进行调查走访，对发现损害群众利益的问题，及时进行制止和纠正，及时登记、办理和反馈反映事项。当好“监督员”，及时收集和反馈村民对“三资”管理的意见和建议，将村级事务从“为民做主”转变为“由民做主”。当好“协调员”，积极参与农村信访稳定、土地纠纷等方面的调解工作，及时化解和协调解决各种矛盾纠纷（图20–2）。

（3）抓创新求突破，不断优化基层党组织设置

创新“二级支部”设置，推行“二级党支部”管理模式。在50人以上党支部设立“二级支部”，将村党支部升格为党总支，下分若干党支部，党员以党支部为单位开展活动。把单元划小，实现支部党员管理精细化。利用“二级支部”党员人数较少，便于活动开展的优势，规范党内组织生活，加强党员队伍建设，提升党员的党性意识和组织观念，提升党组织的组织力。全面实行“四级网格”管理，建立村党总支负责的第一级网格、“二级支部”负责的第二级网格、党小组负责的第三级网格、党员联系服务群众的第四级网格，“四级网格”管理模式，最大限度地推动管理和服务向末端延伸，确保联系服务群众全覆盖。

▲ 图20-2 西许营村村务监督委员会工作人员现场调解纠纷

充分发挥“二级支部”、党小组、每名党员的作用，以一名党员联系10名左右群众“1+10”的形式，建立党员联系群众服务网，掌握网格内群众基本情况，将党员所联系群众的思想教育、政策宣传、矛盾化解等作为该联系党员的主要职责，制定联系服务目标，构筑简便通畅的“党群联系连心”网络，以“点线面”结合推进的方式，织密联系和服务群众的“网格子”，实现党组织、党员和群众无缝连接，实现党员联系服务群众“全覆盖”“零距离”。创新联村共建党组织模式。着眼加快栾城与市主城区的同城化发展，在符合条件的村推行联村共建党总支（联合片区党委）办法，充分发挥其在区域化发展、服务、建设中的政治核心作用。通过资源联用、发展联动、管理联促的方式，开创区域化党建发展新格局。目前，全区建立联村党总支13个，覆盖58个行政村，制定联村抱团发展规划6个，引进农业项目5个，流转土地3 000余亩，解决水、电、路、气等问题32个，化解矛盾纠纷60余起。全区反映村干部的初信初访量同比下降20%；村干部管理村务能力显著提高，组织开展街道硬化、植树绿化（图20-3）、场所建设等公益事业，为群众办实事项目同比增加20%。创新“党建+”联合发展新模式。栾城区以专业大户、农民合作社、农业产业化龙头企业等新型农业经营主体为依托，推行“支部＋协会＋农户”“党总支＋供销社＋合作社”“党建指导员＋致富能手＋合作社”“支部＋电商”等融合发展模式，形成新型组织构架。

▲ 图20-3 南赵村联合党支部统一道路绿化标准

目前，全区涌现出丰沃特色种植、东方草莓种植、“乡乡香农机服务”等农民专业合作社672家，其中单独设立党总支1个、党支部7个，联建支部210个，拥有党员3 000余名、社员3万户、带动农户5万户。栾城区开展党员志愿服务主题活动，发挥党员引领示范作用。2019年以来，栾城区组织合作社党员开展佩戴党徽、义务植树、“三夏”抢收抢种志愿服务等活动6次，153名致富能手帮助1 500余名群众掌握了一门实用技术，带动2 500余农户搞起种养殖业。110名合作社生产经营能手发展成为入党积极分子、预备党员，并通过致富能手传帮带作用将570余名党员培养成生产经营骨干，实现了基层党组织、合作社“双促双赢”，促进农村经济发展。图20-4为合作社向村民推广农业新技术。

▲ 图20-4　合作社向村民推广农业新技术

2. 强化基本队伍

（1）以“三比一争”为载体，抓好党组织书记队伍

栾城区按照“三合一”观摩拉练安排部署，通过看亮点、比差距，指导各村党组织书记学习先进经验和工作方法，提高素质能力水平，全区173个村围绕基层党建、产业发展、乡村治理和重点工作四个方面进行多层次观摩拉练。注重问题导向、结果导向，以推动工作为主要目的，按照“巡回观摩、精准整改”的要求，不断创新观摩形式、突出观摩实效。栾城区在实地观摩过程中，邀请与观摩主题相关的区乡相关部门负责人参加，现场答疑解惑、推动工作。同时，要求各乡镇党委注重发挥典型示范带动作用，抓两头带中间，通过观摩切实解决一批问题，教育一批干部，建强一批组织。观摩结束后，针对各村问题下发限时整改清单，确保观摩拉练工作“有回声、出效果”。2019年内，全区共组织“三比一争”现场观摩拉练13场次（图20-5），现场观摩155个村，173个村党组织书记全部参与观摩至少一次。栾城区从全区范围首批选拔35名工作实绩突出的党组织书记，与其他村党组织书记“1+1”结成帮扶对子，开展互助座谈26次、观摩拉练7场，组织三次村党组织书记集中培训班，各乡镇均对其余村“两委”干部轮训一遍。

（2）以“四亮一争”为抓手，抓好农村党员队伍

栾城区在农村党员中开展以“亮身份、亮承诺、亮实绩、亮家训，争做优秀共产党员”为主要内容的“四亮一争”活动。按照统一标识牌内容及要求，确保在每名党员户家门口悬挂“四亮”标识牌（图20–6）。让党员身份亮出来、作用发挥出来、形象展示出来。亮身份。通过在党员户门前悬挂“共产党员户”标示牌，扩宽党员身份的渠道，增强党员责任感，强化党员意识、自律意识，严格约束自己，主动接受群众监督，做到一名党员就是一面旗帜。亮承诺。农村党员立足岗位，通过简便易行、实实在在的“一句话”向群众公开亮出承诺，变“要我做”为“我要做”，变压力为动力，更好地促进履职尽责。亮实绩。结合民主评议党员，把评选出的优秀党员通过“共产党员户”标示牌亮出来，表扬先进；对没有履行承诺、履行不到位、发挥作用不好的党员，对其进行批评教育，鞭策后进，形成“比学赶超”的浓厚氛围。亮家训。每名党员要结合家庭实际，提炼总结出贴近实际、意义深刻、体现特点、朗朗上口的家训，以好的家风涵养好的民风，用好的民风助推好的村风。以家风清正带动政风清正、以家庭美德推动社会公德、以家庭和睦促进社会和谐。争做优秀共产党员。通过“亮身份、亮承诺、亮实绩、亮家训”，教育引导广大农村党员在乡村振兴、维护稳定、文明守法等方面作表率、带好头，发挥共产党员先锋模范作用，争做优秀共产党员。

▲ 图20–5　到柳林屯乡城郎村观摩拉练

▲ 图20–6　党员“四亮一争”公示牌

（3）以“业余文艺团队”为平台，抓好农村群众队伍

栾城区为强化党的领导，发挥好村党组织组织群众、宣传群众、凝聚群众、服务群众的职责，以村级组织活动场所为主要阵地，加强乡村业余文艺团队建设，指导173个村党组织组建乡村舞蹈团、乡村艺术团、书画社、篮球社、象棋社等形式丰富多彩的乡村业余文艺团队（图20–7）。栾城区注重重点打造和扶持部分乡村文艺精品团队，做到制度完备、管理规范、活动丰富、保障有力。通过加强乡村业余文艺团队建设，进一步强化党的领导，密切党群干群关系，以先进文化占领农村思想阵地，推动农村文化事业开展。栾城区173个村党组织在村建立一支人员相对稳定、活动开展经常的业余文艺团队，实现了文艺团队乡村全覆盖，明确一名党组织委员对接领导服务业余文艺团队。栾城区利用节日节庆及农闲，把乡村文艺团队活动与乡村旅游、科技致富、特色展示等结合起来，参与到各类文化惠民活动中去，有效提高乡村业余文艺团队的公共文化服务能力和水平。打造亮点、凸显特色，重点培育一批有影响、有特色的乡村业余文艺团队，利用村级组织活动阵地、党群文化广场等场所，为乡村业余文艺团队提供活动场地，提高现有设施资源的利用率。2019年内，全区227个业余文艺团队组织表演1 000余场次，极大地丰富了村民的业余文化生活。

▲ 图20-7　栾城区赵家庄村举办象棋友谊赛

3. 开展基本活动

（1）深入开展“不忘初心、牢记使命”主题教育活动

栾城区把开展好主题教育作为一项重大政治任务，紧紧围绕“守初心、担使命、找差距、抓落实”的总要求，不划阶段、不分环节，坚持把学习教育、调查研究、检视问题、整改落实有效衔接起来，不等不靠、主动作为、提前谋划、精心组织，力求高起点开局，高质量推进。《人民日报》新媒体平台刊发我区“红色故事我来讲”中小学生讲故事比赛做法，《河北经济日报》就栾城创新开展主题教育解民忧促发展做法予以报道，为老党员发放护理费做法在河北新闻网刊登。落实“个人自学”。栾城区围绕学习贯彻习近平新时代中国特色社会主义思想这一主题主线，紧扣习近平总书记关于“不忘初心、牢记使命”的重要论述，领导干部原原本本学，机关事业单位在职党员原汁原味学，学校、医院、企业党员利用班前工后学，农村党员灵活方式学。采取新老党员“1+1”结对学、离退休党员送学、外出务工党员联系学，利用“学习强国”比分学，在“河北干部网络学院”开设“栾城区主题教育专题网班”提升学等方式，有效提升了学习实效性。用好“学习研讨”。栾城区区委理论学习中心组每次安排6天时间进行集中学习研讨，集中研讨结束时理论学习中心组每位成员作总结发言，并形成“6+1”交流发言材料。各乡镇、区直各单位理论学习中心组按照学习要求，参照区委作法，分列专题，认真开展集中学习研讨。各级党组织结合“三会一课”拓宽学习教育渠道开展学习研讨（图20–8）。用好“调查研究”。全区各级领导班子成员结合实际，深入基层，深入机关、下属单位、服务对象之中，深入开展调查研究。调研中，区级干部率先垂范，带头深入联系点，摸清村情实际，掌握第一手材料。栾城区明确科级领导干部特别是单位主要负责同志在主题教育期间，每月至少深入联系点2次，了解群众所思所想所盼，拿出刚性措施，着力解决群众关心关注的事，让群众真实感受到主题教育带来的新气象、新变化。强化“征求意见”。在区级层面，通过开展“我向区委献一计”活动，收集梳理有价值的意见建议。在基层单位，通过召开征求意见会、座谈会等，“面对面”听真话。通过设立意见箱、发放征求意见表、个别谈话等，“背靠背”征得“实”意见。栾城镇北石碑村党支部邀请全村70岁以上老人，举办“庆丰收、迎重阳、共欢乐、孝亲敬老饺子宴”活动，期间广泛听取意见建议。用好“专项整治”。制定了“1+10”专项整治方案，明确了责任分工、具体措施、责任人和完成时限，把问题找准、把措施完善、把责任理清、把要求说明，确保了工作稳步推进。在软弱涣散基层党组织的专项整治中，区四大班子分组走遍了全区173个村，同时利用“十一”国庆假日时间再次深入农村进行“回头看”，筛选出11个软弱涣散农村基层党组织进行集中整顿，并逐村制定整顿工作方案，明确整顿工作举措，强力推进整治工作开展。

▲ 图20–8　区委领导讲党课

（2）**严格执行“主题党日”固定活动日制度**

栾城区按照《关于规范和坚持“党员固定活动日”制度的通知》要求，围绕上级指导主题，结合实际，制定活动计划和实施方案。以党支部为单位，以“三会一课”为主要形式，以学习教育、议政议事、主题实践为主要内容，组织党员认真开展“主题党日”活动（图20–9）。采取“五结合”形式开展活动，即“学习辅导与网络互动、座谈讨论与主题论坛、典型交流与外出考察、岗位奉献与谈心交心、党员内部活动与党外群众参与相结合”等多种形式，积极开展活动，确保活动取得实效。栾城区指导各基层党支部创新活动形式，改变“一人讲，大家听”的固有模式，注重与“党费日”“党员志愿服务日”等制度的结合，使“三会一课”从“单一化”转向“多元化”，为坚持和完善“三会一课”制度注入新的生机和活力。2019年全年173个村开展党员“主题党日”1 700余场次，开展志愿服务800余场次。

▲ 图20-9　区检察院到西柏坡开展主题党日活动

（3）**开展党员网格化联系群众入户走访活动**

栾城区党员积极开展“五上门”“五必访五必问”活动。群众需要的时候“五上门”，即群众生病卧床上门看望、群众红白喜事上门帮忙、群众矛盾纠纷上门劝解、群众有不满情绪上门疏导、群众有突发事件上门排解。重大节日期间“五必访五必问”，即困难群众必访，必问衣食冷暖；致富能人必访，必问致富经验；老党员老干部必访，必问发展良策；上访群众必访，必问事情原委；回乡人员必访，必问就业现状。栾城区每月开展入户走访活动（图20-10），讲一讲上级精神、听一听群众诉求、劝一劝家庭纠纷、帮一帮困难群众、解一解疑难问题，形成党员网格化联系服务群众入户走访活动常态化。围绕全区中心工作，栾城区基层党组织积极搭建平台，组织党员开展志愿服务活动。党员根据自身特长，结合群众需求，在“党员固定活动日”或其他时间开展志愿服务活动。党员志愿者组成志愿服务队，比如治安巡逻队、信访维稳队、应急小分队、环境卫生维护队等。志愿者在开展服务活动时佩戴党徽，时时处处树立共产党员良好形象和志愿者社会形象。

▲ 图20-10　北屯村党员开展入户走访活动

4.坚持基本制度

（1）坚持“四议两公开一监督”制度

栾城区针对少数村在推行中出现的机制运行不够顺畅、“两委”协调不够密切等问题，提出了深化“四议两公开一监督”机制“八步工作法”，即8个主要步骤，46个具体环节，使之更科学、更合理、更系统，更符合基层实际。为进一步深化机制内涵，强化推动合力，结合栾城实际，出台“1+7”工作机制。“1”即一个增强农村基层组织凝聚力、提升号召力、强化战斗力的实施意见，“7”即“四议两公开一监督”、教育培训、乡村书记约谈、“两委”干部沟通、基层党建预警、党内关怀帮扶、办实事承诺服务等7项机制，打出了一套深化推行的“组合拳”，村级决策等各项工作更加科学化、民主化、规范化。

（2）坚持“农村党建年会”制度

针对村“两委”换届后新任职干部较多的现实情况，栾城区自2018年起，结合农村党建年会开展，在全区173个村开展了“我当干部为什么”大讨论活动，凝聚共识谋发展，明确目标强举措。通过大讨论活动，广大农村干部解放了思想、凝聚了共识、明确了方向、增进了了解互信、密切了党群关系，为2019年农村各项工作良好开局奠定了基础。由村“两委”干部以“提升基层党组织组织力、加强党员队伍建设、更好服务群众”为主题，采取集体研究、入户走访、个别座谈等形式，广泛征求党员、群众对影响和制约农村经济发展、保障改善民生及“两委”工作的意见建议，共征集吃水修路、城中村改造、改善人居环境、促进社会稳定、丰富文化娱乐生活等意见建议1 800余条，为农村干部明确努力方向、找准问题不足、制订工作计划提供了有益参考。全区已召开讨论会240余场，制定完善工作规划173份，承诺为民办实事490余件，现已解决群众关心的热难点问题75件，清理垃圾5 000余方，开展村民文体活动380余场。

5.建强基本阵地

栾城区区委高度重视村级组织活动场所建设，拨付专项资金1 100余万元，拉动配套资金2 000余万元，严格按照村级组织活动场所规范化建设标准，全面实施查漏补缺。集中规范设置村级办公场所，升级改造党员活动室和村级综合服务站。全区173个村的活动场所全部达标，使之成为党员活动、决策议事、便民服务、教育培训、文体娱乐“五位一体”的综合服务场所。

（1）场所面积达标

栾城区根据行政村人口数量、经济实力区域特点、党员及村民代表数量等因素，统筹确定村级组织活动场所建筑面积一般不低于90平方米，党员活动室面积原则上要能够容纳全体党员。活动场所危旧狭小的，结合村情实际，进行必要的整修扩建，确保满足党员群众和有关工作需要。前小梅村高标准建设了占地600平方米的党群广场，在广场区域内树立党群广场标志牌，设置了文化长廊、党务公开栏、政策信息展示窗口以及党报党刊阅报栏等板块，并开辟了广场舞、运动健身等的场地，充分利用党群广场平台，积极宣传习近平新时代中国特色社会主义思想、党的十九大精神以及乡村振兴战略等，弘扬新风正气，推进移风易俗，培养文明乡风、良好家风、淳朴民风，不断焕发乡村文明新气象。

（2）功能布局完备

栾城区坚持把村级组织活动场所建设成为党员活动、决策议事、便民服务、教育培训、文体娱乐“五位一体”的村级综合便民服务阵地。在活动场所功能布局上，一般单独设置村党组织和村委会办公室、党员活动室（新时代讲习所）、便民服务室、退役军人服务站，提倡村“两委”干部集中办公，提倡配套功能室“一室多用”。具备条件的，根据实际需要和场所规划设计，设置广播室、民调室、治保室、值班室、计生室、村务监督委员会办公室、村集体经济开发办公室等配套工作室。图20-11为楼底镇东尹村村级组织活动场所。

▲ 图20-11　楼底镇东尹村村级组织活动场所

（3）配套设施齐全

栾城区保证有满足正常工作使用的桌椅、档案柜、电脑、打印机、党员信息化教育设备等办公设施。活动场所要设立旗杆，按规定升挂国旗。在村级组织活动场所醒目位置设立“党群服务中心”标示牌，院落或主建筑正门两侧悬挂村“两委”标示牌，其他配套组织和各功能室标示牌挂在所在办公室门口。各功能室悬挂必要的制度展牌，展牌制作符合各类组织和人员职能，各村展牌风格、材质、样式、尺寸尽量统一，主题标识要各具特色，展现新时代的新精神、新要求，做到与时俱进。要在普遍规范达标的基础上，突出特色、注重质量，打造一批高标准、高质量、高品质的精品示范村。

6. 落实基本保障

栾城区出台《关于提高村级组织运转保障水平的实施方案》，制定党组织活动经费和服务群众专项经费管理办法，规范落实各项经费，增强了村级组织运转稳定性。制定村干部基础补贴和离任村干部生活补贴发放标准，“两委”干部基本保障更加规范。同时，坚持把群众关心关注的农村集体承包合同不规范问题作为突破口，在全市率先开展清理农村集体经济承包合同行动，全年共清理不规范集体机动地承包合同871份，涉及土地8 341亩，新收缴承包费1 500余万元，有效地激发了农村集体经济的“源头活水”和造血能力。

（1）高点站位，深入调研——“找准症结”

栾城区区委成立了清理工作领导小组，统筹谋划、统一部署和全面推动。深入乡村、“解剖麻雀”，听实话、察实情，入户走访700余人次，召开座谈会24个，发放调查问卷1 400余份，对全区农村集体资产、资源、资金等“三资”情况进行了调研摸底，摸排出制约农村集体经济增收的“四大瓶颈”，即发展村级集体经济缺少“能人”、缺少“资源”、缺少“政策”和村级集体资产管理制度“不规范”。其中，人民群众反映最为强烈的就是挤占强占集体机动地、承包费过低、欠缴承包费等集体承包合同管理不规范问题。

（2）加强领导，强力推进——“集中施治”

栾城区区委出台了《关于发展壮大农村集体经济的实施意见》和《关于进一步加强农村集体机动地及各业承包管理的实施方案》，明确了“路线图”“任务书”“时间表”，实行挂图作战，销号管理。在区委统一领导下，各乡镇组织专门力量，逐村开展拉网式摸底核查。逐地块建立登记台账，填写明细表，统一汇总张榜公示。区委统一印发公告2 000份，在各村内张贴。区电视台、栾城报道等开辟专栏，定期滚动播放清理政策及工作进展。同时，发挥党员网格化联系群众优势，党员深入联系户开展法律法规和政策宣讲。

（3）依法依规，重点突破——“力克顽疾”

栾城区领导小组实行一周一调度、一周一通报制度，及时掌握清理情况、分析研判存在问题，协调推进工作落实。从合同清理到土地收回到重新分包，各个环节都认真听取群众意见，对于复杂情况，及时召开党员大会、村民代表大会讨论研究决定。清理工作严格按照法律法规开展，相关部门充分发挥职能作用，各司其职，各负其责，组织部门负责总体协调。完成农村集体合同清理工作，区委要求必须达到“四个到位”，不规范合同全部清理到位；拖欠承包费收缴到位；承包合同规范到位；资金使用监管到位。在集中清理工作基本完成后，组织各乡镇、村及时开展“回头看”，确保全区农村机动地承包合同全部清理完成，不留死角。清理工作有效调动了其他承包人自觉规范合同的积极性，村集体经济收入由过去每年1 500元上升到了21万元。

（4）健全机制，规范管理——“清除病根”

栾城区建立资产登记、使用、处理制度，指导各乡镇、村将农村集体资产的占有、使用处置情况进行登记造册，做到底数清、账目明、物账相符，并及时记录村级资产增减变动情况，出租出售等均要进入农村产权交易市场公开交易，明确资产处置的流程，规范资产收益管理，确保集体资产不流失。结合“1+7+N”大培训机制，进行法规政策、资产管理制度等常规业务培训。开展警示教育，牢固树立底线思维，划定村级资产管理界限，强化村干部红线意识，杜绝合同承包漏洞。加强集体资产资源审计，确保村级集体资产规范使用、合法经营。图20－12为栾城经验做法在《河北经济日报》刊发。

石家庄　区域

异地通办 便捷快办

公安交管下月推行10项便民措施

石家庄市开展"禁止传销共建和谐社会"宣传活动

"争做石家庄文明开车人"活动6月启动

石家庄市"文化和自然遗产日"非遗宣传展示活动启幕

中国旅游日 正定景区客流再现"井喷"

井陉矿区委老干部局举办专题讲座

栾城区率先完成村级集体经济合同清理

▲ 图20－12　栾城经验做法在《河北经济日报》刊发

三、启示

栾城区开展全域性党建示范区建设，在组织健全完善、队伍坚强有力、阵地功能完备、制度规范实用、活动丰富多彩等五个方面发挥了积极作用，彰显了新时代农村基层组织建设的特点，贯彻落实了党的十九大关于加强基层组织建设要求和新时代党的组织路线，切实把基层党组织建设成为坚强的战斗堡垒。对此，这一探索具有一定的启示作用和借鉴意义。

1.加强党的领导

坚持党的领导是推进组织振兴的基础。党领导农村工作是一个重大的原则问题，这在任何时候都不允许有丝毫的怀疑和动摇。只有在推行组织振兴中，着力加强村党组织建设，不断提升村党组织的执政水平，改善村党组织领导方法和工作作风，遇事与村委会商量，多听取群众的意见，始终坚守服务群众的宗旨，想方设法为群众解难题，尽心竭力为群众办实事，才能有效地将党员和群众凝聚到党组织周围，凝聚到村委事务民主决策上来，保证组织振兴的推进和发展。

2.强化政策支撑

政策支撑是推动组织振兴的根本保障，近些年来，得益于党中央出台的一系列惠农支农政策，农村经济获得了长足发展，农民生活水平有了很大提高，但当前基层农村党组织建设还存在着明显的“短板”与不足，栾城区针对村级党组织建设普遍缺少人才、经费保障等问题，要进一步强化政策支撑，健全财政投入为主的多元化党建经费投入保障机制，提高村级运转经费及村干部待遇报酬，实行绩效奖惩制度，加大对农村优秀青年的培养、选拔力度；大力实施“村级活动阵地改造提升”行动，完善办公场所等配套设施，营造留才聚才氛围。

3.推进城乡融合

城乡发展经历了农业推动城市、城市带动农村等多个历史阶段，但是整体上都是以城市为中心，生产要素向城市单向流动为主，这也是导致城乡发展不平衡的重要原因。实施乡村振兴战略，从本质上来说，不再是以城市发展为中心去谋划农村发展，而是将工业与农业、城市与乡村、城镇居民与农村居民作为一个整体纳入全面建成小康社会和现代化建设的全过程。因此，实施乡村振兴战略的关键，就是要打破传统的城乡发展模式，建立健全城乡融合发展体制机制和政策体系，加快推动生产要素在城乡之间快速互通、双向对流。

4.创新工作载体

创新是引领发展的第一动力。只有始终把改革创新精神贯穿于组织振兴的全过程和各方面，才能持续激发前进动力、发展活力。栾城区围绕群众多样化的需求，坚持立足实际、尽力而为，运用多种形式和手段开展服务。适应新时代发展要求，坚持问题导向，以网络平台为载体，推行网络化服务与管理，通过建立党员微信群，微信公众号等方式，定期向基层党员推送学习内容，开展线上学习交流，打破时间与距离的限制，提高学习效率，增加学习覆盖面。

5.实行示范带动

抓好典型示范引领是推动工作的重要方法。各级党组织主动对标学习外地先进做法，注重改革创新，强化品牌意识，培育了联村党总支、党员积分管理、村级权力清单、“党建+”等一批在全市叫得响、全省有影响的亮点经验和党建品牌，引领和带动了全区基层党建整体水平的提升。2018年，全市农村基层党建观摩推进会在栾城区召开。目前，顺应新时代基层党建工作新任务新特点，栾城区正在集中培育“二级支部”新模式、新时代农民讲习所、“五星乡村、十星级文明户”等新的典型。

6.形成强大合力

摆正群众主体地位是推进组织振兴的根本。农民群众是推动村级事业发展的主体，是农村基层民主政治建设的直接参与者。栾城区在推行全域性党建示范区建设中，对村级重大事项从讨论、决定到执行的每个方面与各个环节，都要充分尊重民意、体现民主，实现大事大家议，决策集体定，优劣群众评，始终把村级重大事项和群众切身利益的事情的决定权、拍板权和执行监督权交给群众，让群众真正成为民主治村的主人，从而凝聚起乡村振兴的强大合力，依靠农民群众创造新时代乡村振兴的历史伟业。

浙江·平湖
PINGHU·ZHEJIANG
产乡融合体验中心
乡村振興学院
金平湖
农业展示馆
龙萌营

平湖是浙江省嘉兴市下辖县级市，地理坐标介于北纬30°35′～30°52′和东经120°57′～121°16′。陆域面积537平方公里，海域面积1 086平方公里，海岸线长27公里；耕地面积47万亩。2015年，常住人口68.38万人。平湖属江南古陆外缘杭州湾凹陷后成为的冲积平原。市境内地势平坦，平均海拔2.8米，除东南沿海有呈带状分布的20座低丘和11座岛礁共4.89平方公里外，余为大片平原。

2019年以来，平湖市先后入选“2019年度全国综合实力百强县市”“2019年度全国新型城镇化质量百强县市”“2019全国营商环境百强县”“2019年全国投资潜力十强县(市)”。2019年12月19日，平湖市入选国家城乡融合发展试验区。2019年12月31日，平湖市入选全国农村创新创业典型县。

案例二十一
创建高质量农业经济开发区 探索全方位乡村振兴新模式

——浙江省平湖市农业农村局

一、基本情况

平湖地处浙江省东北部，“沪、杭、苏、甬”四大城市菱形对角线的交汇点，北接上海市，南濒杭州湾。全市陆地面积553平方公里，海域面积1 070平方公里，海岸线长27公里，下辖6镇3街道，户籍人口50万，常住人口69.6万，是江南著名的“鱼米之乡、瓜灯之城、文化之邦”，素有“金平湖”之美誉。农业经济开发区（以下简称“农开区”）位于浙江省级新广农业现代园区综合区核心区域，与上海金山现代农业园区相接，区域面积55.8平方公里。

二、做法与成效

1.塑造三种理念，筑牢农业经济开发区“四梁八柱”

（1）“三产融合”的整体发展理念

平湖市农开区突破传统农业园区功能定位，用发展工业的理念推进农业园区建设，农开区谋划伊始就定位为“农业硅谷、农创高地”，力求成为乡村振兴战略的大平台、主阵地、先导区，让资金、人才、服务、科技等资源更多更快更好地回归农村、流向农业、造福农民。按照农村一、二、三产业融合发展要求，提出“产业生态化、园区景区化、农旅一体化”目标，平湖市农开区内建设标准向工业园区看齐，做到“三通一转”（通水、通电、通路、土地流转）。平湖市农开区完成乡村振兴战略规划、土地利用规划、村庄规划等“多规合一”，建成马拉松赛道、农业展示馆、园区道路桥梁等一批基础设施项目。平湖市农开区加快推进全国农业产业强镇、部省合作乡村振兴示范点、浙江省现代农业园区创建等工作，启动农创小镇（图21–1）、农业公共服务中心、农创学院、院士专家楼等重点配套工程。

▲ 图21-1 农创小镇

(2)“区镇合一”的经营运行理念

农开区与所在地广陈镇全面实行“区镇合一”实体化运作，平湖市农开区管委会下设农业发展办公室、招商服务办公室等10个职能部门，更好适应园区开发建设需求。平湖市农开区按照大部制、公司化、专业化原则，组建农开区集团公司，下设金田野农业发展、金丰收产业发展、农投公司等五大专业公司，形成“1+5”集团公司运行模式，分板块负责项目基建、营销企划等工作。如金田野公司已启动标准大棚建设等5个开发项目，总投资近1亿元，开发效能提升明显。同时，管委会机构与公司部门相关岗位交叉任职，组建全能型“农小二”服务团队，结合“最多跑一次”改革，实现产业招商、项目开发、环境优化、配套提升、主体经营等工作环境全流程跟踪、一条龙服务。图21-2为农业展示馆。

▲ 图21-2 农业展示馆

(3)“优先发展”的政策支撑理念

平湖市农开区牢固树立农业农村优先发展理念，全面建立“两进两回”机制，推进科技进乡村、资金进乡村、青年回农村、乡贤回农村。平湖市农开区在积极落实上级各项支农政策、确保主体利益和现代农业发展基础上，创新出台了农业项目准入政策、农业产业扶大扶强系列政策，加快农业产业结构优化、要素保障、等级提升，构建农开区产业核心竞争力。平湖市农开区出台农业产业“退低进高”政策，推进主导产业、特色产业集聚，淘汰转移农业领域“低散乱”经营主体37家，成功引进国际植物新品种研究院产业化项目等一批“龙头”项目。平湖市农开区研究出台农业新型人才引育、农创项目孵化等政策，引进农业农村领域海外高层次人才2名，申报国家“千人计划”1名、省“千人计划”4名。加快推进农业两创中心和农创园建设，支持青年和乡贤返乡创业，推进青年人才回归农村。平湖市农开区每年培育农创客20名以上，培训新型职业农业100人次以上。图21-3为院士专家楼。

▲ 图21-3　院士专家楼

2.探索三类模式，促进农业经济开发区“强筋健骨”

(1)综合园区规划模式

围绕高质量乡村振兴目标，农开区总体规划为“一园四区三组团”。一园：农产品加工园（农业先进装备制造区），围绕农产品精深加工和现代农业装备，延伸产业链，提高农产品附加值，促进产业融合。四区：“四新”农业示范区，主要推动农业现代种源研发、国内外先进农业科技成果转化、转移、孵化；绿色农业示范区，主要发展农业循环经济，突出农业产业内部循环实现农业可持续发展；产乡融合示范区，围绕新时代美丽乡村建设要求，突出村庄景区化建设，打造农村“两进两回”示范区，实现产业与乡村融合发展；浙沪产业合作示范区，围绕上海市外蔬菜主供应基地建设，突出与上海的区域合作，打造供沪安全农产品重要来源地。三组团：西部、东部2个优质粮食生产主导区和中部生态涵养区相结合。优质粮食生产主导区突出粮食产业提升发展，建立规模化、集约化和高效、绿色的粮食发展模式；生态涵养区突出生态环境保护，开展农业面源污染治理研究，建立农业节能减排示范区。

（2）乡村要素统筹模式

平湖市农开区推动各类要素向乡村集聚，重点抓好土地要素、资产要素盘活。试点推进农村土地全域整治，实施建设用地复垦项目面积207亩，土地开发项目面积24亩，“旱改水”耕地质量提升项目面积77亩，建成高标准农田1 615亩，将原有细碎耕地、零星建设用地纳入整备区，逐步形成质量相当的优质耕地。依托集团公司推进土地统一收储流转，保障农民土地流转利益，目前已同意流转面积1.1万亩，流转费1 200元/亩，实现了确保优质产业项目落地、破解农户租金收缴难题、帮助农户增收（流转费较农户自行流转高10%～20%）的有机统一。

（3）新型农业招商模式

平湖市农开区紧盯世界领先、国内一流的农业“四新”项目和农业综合性服务产业项目，狠抓农业招大引强，以高质量项目加快形成高质量农业产业。第一个在县级层面举办农业经济洽谈会，连续三届农洽会共签约项目86个、总投资82.9亿元。国际植物新品种研究院、中以设施农业示范园、蓝城农业科技、无人机飞防项目等一批农业“四新”项目先后落户。如国际植物新品种研究院及产业化项目，总投资6亿元，将形成种源研究、种植培育、产品加工、休闲旅游等全产业链，实现相关植物种源商用规格与发达国家保持同步，年销售收入将达2亿元以上；如中以设施农业示范园项目，总投资1.5亿元，是农业一体化服务项目，生产用地120亩，研发建设用地8亩，与以色列耐特菲姆等公司合作，建设中国示范中心、“瓜、果、菜”水肥一体示范区、国际温室展示区。

3.促进三大发展，实现农业经济开发区“行稳致远”

（1）农业转型发展

农开区始终把优化提升粮食生产放在首要位置，深化耕地质量提升、粮食功能区优化，实现粮食量质齐升；围绕粮食烘干中心建设、粮食产品初加工与物流发展、精品大米品牌创建等加快构建粮食全产业链，提升粮食产业附加值；加大粮食生产机械化作业、精细化管理、优质稻种引进试种等工作力度，形成绿色高效、科学集约的粮食生产模式。平湖市农开区内拥有粮食生产功能区3.88万亩，占全区耕地面积65.7%，粮食产量稳定在3.4万吨以上。平湖市农开区推动农业向科技型、示范型、集约型、高效型、生态型转变，通过两年的努力，初步构建了涵盖种子种源、科学种植、农业装备、农业服务、农业观光的新型农业全产业链，引育了一批以国际植物新品种研究院、水生植物研究院为代表的拥有种源技术的科技农业项目，以三润泰克、绿迹数字生态工厂为代表的科学种植项目，以善拓机械、中以设施农业示范园为代表的农业设施装备制造服务项目，以千瑞翔植保无人机飞防、龙萌湾农创民宿为代表的农业观光服务产业项目，现代农业得到有效发展。图21–4为乡村

▲　图21-4　乡村振兴学院

振兴学院。

(2) 三产融合发展

平湖市农开区发展数字农业，推进信息与农业融合，与阿里云、杭州安厨电商合作投资2.18亿元，共建占地30亩的农业大数据中心，为农业产业化提供电商孵化、数据服务、冷链物流等专业化、标准化、市场化的精准服务，特色优势农业产业节本增效达到10%以上。挖掘广陈山塘与廊下山塘的历史渊源，唱响“一桥两山塘”的故事，合力推动明月山塘景区创建国际4A级景区。大力发展“农业+旅游”，促进农业与科普、婚庆、文化、健康、养老等产业融合发展，建成全省首条跨省乡村马拉松赛道（图21-5），打造沪杭“后花园”。创新发展农民“股金+租金+薪金”联动增长机制。让资源变“股金”，如山塘村将

▲ 图21-5　浙沪乡村半程马拉松

土地、房屋、服务等资源整体折算入股，与投资主体共同组建公司，占股5%，该村2018年经常性收入突破200万元，较去年增长35%。让资产增“租金”，引导农户在景区老街自行开设农家乐和民宿，2018年1—9月平湖市农开区农民经营性收入达到8万元，同比增长8%。让劳动获“薪金”，引导农业产业项目就近吸收农民成为产业工人、经营服务人员，让农业项目更好地融入乡村、富民增收、带动振兴。2018年1—9月平湖市农开区新增就业岗位200余个，每人每年增收至少3万元。如该区招引的常春藤现代农业项目，平均每天用工50人，工人日薪达到80 ~ 120元。2018年时预计2019年平湖市农开区内村集体经常性收入分别全部达到120万元，经营性收入全部达到20万元，农村居民人均可支配收入达到3.4万元。

（3）**区域协同发展**

牢牢把握长三角一体化上升为国家战略契机，加快推进区域融合。平湖市农开区坚持接轨大上海、融入长三角，积极与上海在农业设施、产业发展、人才培养等方面进行深度合作，由农开区所在的广陈镇、新仓镇和金山区廊下镇、吕巷镇、张堰镇联合打造长三角“田园五镇”乡村振兴先行区（图21-6），发布合作共建项目20个、总投资56亿元。如现代农创学院项目总投资3亿元、占地225亩，由廊下镇、广陈镇、上海沪江网联合荷兰瓦格宁根大学合作建设5万平方米的教学培训基地，致力打造农业国际化交流、教育、研学和科技成果转化平台。启动首届长三角“田园五镇”青年农创大赛（图21-7），成功孵化农创项目8个。坚持把质量和品牌作为农业供给侧结构性改革的关键要素，平湖市第一个在上海外滩发布了“金平湖”农产品区域公用品牌，建立健全品牌培育、发展和保护全程体系。成立“金平湖”农业电商公共服务中心，专业提供农产品检测、质量追溯、电商人才培养、行业咨询、产业交流活动等服务，首批“金平湖”农产品正式上线APP销售。

▲ 图21-6 “田园五镇”先行区启动仪式

▲ 图21-7　农创大赛

三、成果和启示

平湖市农开区模式先后得到了浙江省委、省人民政府充分肯定，嘉兴市委、市人民政府全面推广，农开区（广陈镇）成功列入“全国农业产业强镇”“全国农村一、二、三产业融合发展先导区”“浙江省首批农村产业融合发展示范园”创建名单，人民日报、新华社、农民日报等全国主流媒体多次进行报道。

建好、管好、利用好农业经济开发区，建立健全城乡融合发展体制机制和政策体系，加快推进农业农村现代化，巩固和完善农村基本经营制度，深化农村集体产权制度改革，壮大集体经济，促进农村一、二、三产业融合发展，加强农村基层基础工作等一系列重要举措，为全面推进乡村振兴战略实施提供了有力保障。

广东·高要
GAOYAO·GUANGDONG

高要区是广东省肇庆市辖区，地处肇庆市南部，东邻佛山市三水区，西连云浮市云城区及肇庆市德庆县，南接佛山市高明区及云浮市新兴县，北与肇庆市端州区、鼎湖区、广宁县、四会市相连，是广东省文明城市、广东省卫生城市，属广佛肇经济圈和肇庆市经济发展中心区。全区总面积2 071平方公里，辖16个镇和1个街道，有26个社区、324个行政村。高要历史悠久，金利镇茅岗遗址是广东省首次发现的靠近江河的最大一处新石器时代晚期居住建筑遗址距今4 000多年。西汉元鼎六年（公元前111年）置高要县，梁天监六年（公元507年）设高要郡，高要县城一直是郡、州、府、路、专区治所，曾是广州都督府、两广总督府、南明永历王朝、民国时期军务院驻地。2013年，高要区全年实现地区生产总值346.08亿元。

高要区是2017年全国综合实力百强区、国家知识产权强县工程示范县（区）。2018年10月，入选2018年度全国投资潜力百强区、全国绿色发展百强区。2018年11月，高要区荣登“2018中国幸福百县榜”。2018年10月22日，高要区入选2018年全国农村一、二、三产业融合发展先导区创建名单。2019年10月，高要区被评为2019年度全国投资潜力百强区。2020年2月13日，高要区获得2019年度全国“平安农机”示范县称号。

案例二十二

培育端砚文化产业人才
推动高要区乡村产业发展

——广东省肇庆市农业农村局

高要区从事端砚生产经营的人员主要分布在金渡、白土、莲塘等镇，涉及22个自然村约3 500多人。金渡镇是高要区端砚加工制作的主要聚集地，主要分布在水口、五股、水边等村（社区），尤以水口社区最为兴盛。为了推动端砚文化产业人才的发展，高要区搭建了高要区端砚协会、端砚工艺社、端砚O2O产业园等3个平台，以平台为依托推进端砚文化产业人才提升计划的落实。图22-1为端砚技能大赛（2017年12月举办了第一届“高要雄才”端砚技能大赛，71名选手进行了理论培训和知识考试、现场雕刻，参赛选手数量居同类比赛中第一。获奖选手由区人力资源和社会保障局授予“高要区端砚技艺能手”荣誉称号，区总工会授予“高要区劳动能手”荣誉称号，特等奖直接入选“高要雄才”，有效促进我区端砚艺人技术交流和水平提升）。

▲ 图22-1　端砚技能大赛

为加快端砚文化产业人才技能提升，高要区实行精准培训。借“西江产业人才”项目的实施，高要区端砚协会和水口端砚工艺社推荐年轻人到肇庆学院、肇庆技师学院入读学历教育。2017年高要区推荐7人参加广州大学为期一个月的“中国非物质文化遗产传承人群研修研习培训计划”。高要区端砚协会2017年举办了“端砚进社区”活动3场，向社区居民展示端砚作品，为群众免费鉴定端砚。2018年1月9日，高要区端砚协会组织80多人参加由肇庆学院美术学院教授李刚、讲师陈有猛主讲的“中国砚文化的发展”讲座。2018年高要区端砚协会举办了“端砚进校园”活动2场（图22-2），为学生介绍端砚知识，指导学生欣赏端砚。2018年11月27日，区端砚协会莫少锋在“广东省庆祝改革开放40周年宣讲报告会——高要专场”上向机关事业单位党员干部讲述《端砚的历史和传承》，2019年开设会员书法培训班、刻字学习班、美术讲座等，致力于提高会员的创作水平，有利于让端砚进入平常百姓家，让更多人认识端砚。

▲ 图22-2 “端砚进校园”活动

端砚源于肇庆羚羊峡烂柯山至北岭一带，端砚制作工艺在高要由来已久，为传承端砚工艺技术，高要区通过加强系统培训，推荐评先评优等办法，促进端砚文化产业人才的培育。目前，高要区有中国工艺美术大师1人（张庆明）、中国文房四宝大师5人（吴顺明、莫伟坤、莫少锋、钟子健、梁德常）、广东省工艺美术大师示范工作室1个、广东工艺美术大师4人（张玉强、莫汉东、莫伟坤、莫少锋）、高级工艺美术师10人（张玉强、莫汉东、莫伟坤、莫少锋、钟子健、莫汉景、莫玉彬、彭北才、莫仕坚、白富强），莫少锋、张玉强获得首届“肇庆市民间工艺大师”称号，张玉明、莫少锋先后入选肇庆市拔尖人才。2018年莫少锋、张玉强、罗卓成、莫伟坤、钟子健、莫汉景、彭北才、钟学良入选首届“高要雄才”。图22-3为广东省肇庆市高要区文学艺术界联合会。

▲ 图22-3 广东省肇庆市高要区文学艺术界联合会

经过系统培训，高要区端砚协会会员技艺水平得到大幅提高，多次在各级展览比赛上获奖，2016年以来获得国家级奖项11个、省级奖项42个；组织考取专业技术职称。现有高级工艺美术师10人、中级工艺美术师23人、初级工艺美术师28人。高要区以区端砚协会为依托，聚合端砚行业从事生产经营人才。目前，端砚协会已有会员300多名，会员年龄结构涵盖老、中、青，会员技术结构涵盖高、中、初。

高要区以广东工艺美术大师、中国文房四宝大师的工作室为平台，采用“师带徒”的形式，培育端砚雕刻人才（图22-4）。目前，高要区端砚文化产业人才作品得到肯定。第九届广东省民间工艺精品展（青年专场）上，吴顺明《月照西窗》获金奖，莫平礼《水云龙砚》获银奖，谢斌华、钟湛良、莫达成、李剑明、张召良、何志煊、罗广华、陈庆亮、莫梓聪、梁锦强获鼓励奖。“岭南杯”2016中国（广东）民间工艺博览会上，吴顺明《喜上眉梢》、吴志新《富春山居图》获金奖，钟湛良《呼之欲出》、莫达成《仙山道阁》、莫梓聪《琼楼玉宇》、陈庆亮《湖山揽胜》获银奖，莫永汉《指日高升》、莫秀能《子母砚》、莫日华《刘海戏金蟾》获铜奖。“工艺美术原创设计”主题展上，张召良《龙凤呈祥砚》获得最佳原创金奖，钟湛良《庆丰年》、谢斌华《鼓乐龙威砚》获得最佳材料应用金奖。

▲ 图22-4 “师带徒”

为了传承端砚文化，高要区在金渡镇水口村成立了端砚工艺社，通过端砚工艺社传承文化，以端砚工艺社为依托，对端砚的历史，端砚雕刻的传统技法、题材、风格进行收集整理，通过开办培训班，传播端砚传统文化。目前培训班已开班4期，先后邀请中国工艺美术大师黎铿、张庆明等授课，培训人数160多人。高要区通过建立端砚O2O产业园，将线下的端砚连接互联网，进一步拓宽了端砚的销售市场。区端砚协会每周六下午开设端砚集市，会员可以在集市上展示自己的原料、半成品和成品，会员之间可以互相交流、探讨和切磋，群众可以来鉴赏、淘宝。区端砚协会经常组织会员参加北京、广州、深圳等地的展销会，进一步拓宽销售渠道，激发端砚文化产业的活力。

高要区还组织区端砚协会会员到白土镇坑尾村家训廉政文化教育基地开展党员教育实

践活动，到活道镇鳌头村“新时代红色文化讲习所”开展“六个一”活动，培养德艺双馨的艺术家。高要区组织了30多名端砚艺术家精选出200多方端砚及摆件，参加2017中国（广东）民间工艺博览会暨第十届广东省民间工艺精品展，进一步提升了端砚在民间工艺界的影响力（图22–5）。高要区先后组织端砚文化产业人才深入村、社区开展端砚文化普及活动，向社区居民展示端砚作品，指导群众如何欣赏端砚，为群众带端砚来做免费鉴定，让端砚进入平常百姓家。高要区端砚协会出版端砚《第一届“高要雄才”端砚技术作品展》《高要端砚精品荟萃》，全面宣传、推介高要区端砚协会和会员作品。高要区开展技能培训，先后邀请省、市艺术大师到端砚协会和端砚艺术社授课，累计开展各类技能培训班8场，260多人在培训中端砚技能获得提升。

▲ 图22–5　端砚作品

今后，高要区将重点抓好组建端砚学院，创建端砚技能人才学历教育平台，促进端砚雕刻技艺“师带徒”项目见成效，完善O2O端砚电商平台，继续开展端砚雕刻技能大赛，扩大端砚文化产业的影响力。

浙江·桐乡
TONGXIANG·ZHEJIANG

桐乡市位于浙江省北部、杭嘉湖平原腹地，隶属于嘉兴市，1985年列入全国首批开放县（市）。桐乡市东距上海131公里，北离苏州74公里，西邻杭州65公里，居沪、杭、苏“金三角”之中，下辖3个街道、9个镇、2个新区，2010年总人口82万。

桐乡市地处东南沿海，属典型的亚热带季风气候，温暖湿润、四季分明、雨水丰沛、日照充足，具有春湿、夏热、秋燥、冬冷的气候特点。桐乡市年平均气温16.5℃，1月最冷，月平均气温4℃，极端最低气温－11℃。

2016年桐乡实现地区生产总值693.7亿元。年度财政总收入达到100.5亿元，年均增长8.3％；一般公共预算收入实现58亿元，年均增长9.8％；完成固定资产投资480.6亿元，实现翻番。三次产业比重由5.5 ：54.7 ：39.8调整为4.1 ：47.8 ：48.1。

2019年12月，桐乡市成为全国乡村治理体系建设试点单位。2019年12月19日，桐乡入选国家城乡融合发展试验区。

案例二十三
深化党建引领“三治融合”打造乡村基层治理新样本

——浙江省桐乡市农业农村局

一、背景与起因

随着桐乡成为世界互联网大会永久举办地以及全国首个旅游综合改革试点县，桐乡的县域发展迎来了机遇期，但同时也进入了基层治理的“阵痛期”。主要表现在：

1.群众法治思维不够深，运用法治方式解决纠纷还不够到位

在现实生活中，有的群众在遇到问题时，不是依靠法律手段，而是奉行“信访不信法”“大闹大解决，小闹小解决，不闹不解决”等错误理念，采取违法上访、群众请愿等不理性的诉求方式，使得问题更加复杂，矛盾更加激化。

2.社会道德水平不够高，运用道德自律进行约束还不够到位

经济社会发展程度与道德提升程度并不成正比，一些群众的道德水平甚至还出现了下滑的现象。比如，不敬不孝、过马路闯红灯、不诚信等问题，这些问题，如果不从提高人的思想道德素质上加以解决，很难达到治本效果。

3.社会自我调节不够强，运用自治理念强化参与还不够到位

以往政府的大包大揽既影响了群众参与的积极性，也让大量矛盾聚焦到政府身上。随着政府管理的领域、层级日益扩大，政府手段相对有限、资源较为缺乏、力量存在不足，这就倒逼基层治理中引入群众参与机制，增强群众的自治能力。

正是在上述这样的背景下，桐乡率先破水，大胆探索党建引领“三治融合”基层治理新格局。图23-1为桐乡新风貌。

▲ 图23-1 桐乡新风貌

二、举措与实践

基于以上背景，桐乡市自2013年起率先开始探索，在高桥街道组建了3支党组织领导下的、植根于民间的团队：百姓参政团、道德评议团、百事服务团。由老百姓参与公共决策，自己的事自己说了算，自己参与干、干得怎么样自己参与评判。在此基础上，桐乡市全面铺开这项工作，结合习近平总书记关于社会治理的一系列重要讲话精神以及实践中遇到的具体问题，进一步抓好顶层和整体设计，出台了18项长效工作机制，并不断丰富内涵、拓展外延，健全落实党组织领导下的基层治理体系，逐步形成党组织领导下的"大事一起干、好坏大家判、事事有人管"的"三治融合"基层治理新格局。主要做法是：

1.建强"领头雁"队伍，培育党建引领"三治融合"的骨干力量

桐乡市大力实施"领雁工程"，以村党组织书记队伍建设为重点，进一步健全完善村干部选、用、管、育体系。坚持"凡进必审"原则，出台新进村社干部市级联审制度，新任书记人选落实镇（街道）党委书记、分管领导"双签字"。打好集中轮训、擂台比武、异地挂职、激励保障"组合拳"，桐乡市每季举行"耕耘者说"村社书记讲堂，推动村社书记增强业务水平和履职能力。桐乡市出台村社党组织书记县级备案管理和个人有关事项报告实施办法，对村社书记"一人一档"进行市级统一集中管理。加强村社后备干部队伍建设，建立后备人才库，确保每个村社有2名书记后备人选。深化"三小组长"（党小组长、村民小组长、妇女小组长）小岗位大作为先锋行动，制定入职标准、岗位职责、推选路径、履职保障、优秀奖励、退职关爱等"六个有"工作措施，引导推动"三小组长"在服务村民群众、助推基层治理中发挥骨干作用。

2.实行“网格化”党建，筑强党建引领“三治融合”的战斗堡垒

推进基层党建网、民生服务网、治安管理网“三网融合”，强化“三治”建设中党的组织和工作覆盖。桐乡市大力推动部门力量下沉和基层资源整合，推进镇（街道）综治工作平台、市场监管平台、综合执法平台、便民服务平台等“四个平台”的建设，全面构建全科网格、市镇两级综合联动指挥及基层社会治理“一网双联”体系。推行“先锋站+网格工作站”“先锋站+民情驿站”等多站合一模式，建立432个党员先锋站。桐乡市充分利用互联网优势，开发“乌镇民情”管理与服务系统，建立与省平安建设信息系统中各类风险收集上报的衔接机制，实现网上网下信息互联互通、共享共治。图23-2则为以“三治融合”立本的桃园村入选中国美丽乡村百佳范例。

▲ 图23-2 以“三治融合”立本的桃园村入选中国美丽乡村百佳范例

3.推出“一约两会三团”模式，打响党建引领“三治融合”的桐乡品牌

创设“一约两会三团”新模式，“一约”即村规民约（社区公约），由村（居）民参与制定、参与监督，综合运用物质奖惩、道德约束等手段保障落实，使村规民约（社区公约）切实发挥治理效果。如崇福镇推动各村将文明餐桌写入村规民约，引导农村群众厉行节约，革除陋习。“两会”指百姓议事会和乡贤参事会。百姓议事会由两代表一委员、“三小组长”、有威望的老党员和利益相关者等组成，乡贤参事会由村社中认可度高的老党员、老干部、企业主、道德模范等组成，协助做好群众工作，实现民事民议、民事民办、民事民管。如屠甸镇荣星村在火炉浜小组环境整治中，乡贤参事会成员带头出资、上门走访，说服村民共同建设美丽乡村。“三团”指百事服务团、法律服务团、道德评判团，以志愿服务、法律服务、道德评判为抓手，完善志愿者组织体系、公共法律服务体系和道德评判体系。去年10月，桐乡市依托“三团两会”，创新实施服务党群创业创新“金融惠农”行动，以“三治信农贷”为主载体，为广大农村党员群众、农业经营主体和村级组织提供普惠式资金保

障，助力乡村振兴。目前，全市已授信11.5万户、188亿元，已覆盖桐乡市85%农户，为8 000农户发放贷款16亿元。村经济组织和农业经营主体用信达到4.91亿元，其中农业经营主体用信3.57亿元，村经济合作社用信1.34亿元。

4.优化服务机制，提升党建引领“三治融合”的治理水平

桐乡市持续深化“干部下百村”机制，市四套班子领导和各部门（单位）党员领导干部深入全市176个行政村、4 501个村民小组，广泛开展调研、排查、破难活动，当好治安巡防员、情报信息员、安全检查员、纠纷调解员、平安宣传员等“五大员”，确保“小事不出村、大事不出镇”。桐乡市深化“网格连心、组团服务”，充分发挥基层党组织在网格化管理中的领导核心作用，由村社干部担任网格长，党员骨干、村（居）民代表、小组长、楼道长等担任网格信息员，镇（街道）联村干部担任网格指导员，实现网格管理服务全科化。桐乡市在市、镇、村三级健全“红色代办”制度，探索推行村社干部“一岗通”机制，打破分管条线“壁垒”，让便民服务事项在家门口实现马上办。2019年已为全市480余个项目开展全程代办、协办及指导办。

5.着眼“两基”建设，强化党建引领“三治融合”的基本保障

按照“四有”目标，落实硬件要求，进一步增强基层基础保障。桐乡市连续16年实施五轮村级集体经济壮大工程，出台11项扶持政策，帮扶村级集体经济发展壮大。突出抱团联动，市级首个“32村抱团”项目投产，每年增加经营性收入1 000多万元；投资10亿元实施市级“百村抱团”项目，兜底保障全市91个村（含30个经济一般村）、9个龙泉结对消薄村的固定增收。桐乡市落实暖心举措，1 800个支部与2 000个低保户结成对子，“一户一策”落实帮扶举措。桐乡市加强市、镇（街道）、村（社区）三级党群服务网络与服务中心建设，建成市级党群服务中心，与96345合署服务。加强村（社区）活动场所标准化、规范化建设，按照“十个有”标准建设村（社区）党群服务中心，完善党员活动、居家养老等服务设施，切实提升活动场所服务功能。图23-3为全国首个“三治融合”馆。

▲ 图23-3　全国首个“三治融合”馆

三、成效与反响

桐乡市在健全“自治、法治、德治”相结合的乡村治理体系中，不断探索实践，有效发挥了党组织战斗堡垒作用和党员先锋模范作用，实现了“六个改变”。

1.治理格局发生改变

“三治融合”让桐乡市各级基层党组织自觉协同各类社会力量共商共治社会治理难题的意识大大增强，领导社会治理的能力大大提高，“大事一起干、好坏大家评、事事有人管”的基层社会治理新格局正在逐步形成。比如，在高桥街道征迁平安项目二期地块时出台了高层公寓安置政策，通过百姓参政团这一平台，吸纳老百姓一起商量，最终达成了双方满意的安置方案。

2.自治活力得到释放

桐乡市出台《城乡社区工作事项准入实施意见》，按照“政府依法行政、社区依法自治”的原则，进一步明确城乡社区职责，切实减轻行政性负担，让城乡社区有更多时间来参与自治事务。此外，各类社会组织、社会力量的兴起，既激发了社会自治活力，又协助政府解决很多社会问题。比如，石门镇有大大小小皮鞋企业、个体作坊600多家，以前每到年底劳资纠纷就时常发生，自从成立石门鞋业协会，设定自律公约，并建立调解委员会后，各类矛盾纠纷大大减少。

3.法治思维渐入人心

近年来，全市大力开展“法治桐乡、法治政府、法治社会”三位一体建设，在全社会营造浓厚的法治意识。尤其是通过全市101个三级法律服务团的普及运用，老百姓通过法律途径来解决问题和矛盾的意识大大增强。据统计，“三治”（法治桐乡、法治政府、法治社会）建设以来，桐乡全市刑事警情率下降34.3%，安全生产事故死亡率下降42.5%，上访下降36.2%，矛盾纠纷受理下降26.5%。图23-4为乌镇管家参与危房治理。

▲ 图23-4　乌镇管家参与危房治理

4. 道德风尚逐步形成

桐乡市加强群众参与，在每个村（社区）建立村规民约（社区公约），通过道德评议、不文明行为曝光等，对村（居）民言行进行规制，对乡间“善恶”进行评判。这种用“草根”方式评议群众身边的小事小节，在乡村熟人社会中的作用是十分明显的，比如通过村规民约的规制，桐乡红白喜事大操大办和封建迷信有所改善；通过社会主义核心价值观的引领、新乡贤文化的传播、志愿服务的倡导，村民文明素质大大提升。同时，通过“最美桐乡人”、道德模范、文明家庭等评选活动，涌现出一大批群众身边的先进典型，具有很强的示范引领作用。

5. 党群干群关系更加密切

“三治融合”的基层实践，让政府和群众不再是简单的管理和被管理的关系，变成了很多事情都“商量着办”。这样的良性循环，让干部做群众工作的信心增强了，群众对政府、对干部的信任度也提高了，党群干群关系更加密切了。比如，桐乡乌镇大道、临杭大道、长山河拓宽工程和一些重大工业项目的落地进展十分顺利。

6. 基层政权更为巩固有力

在深化“党建+治理”基层实践中，桐乡全面落实“五议两公开”议事决策制度，大力发展以村级百姓议事会、镇级百姓参政团为主要内容的基层协商民主，深入推进了乡村治理由“为民做主”向“由民做主”“与民共治”转变，畅通了基层民主渠道，更加适应了治理体系、治理能力现代化的要求，这对于进一步夯实基层党组织战斗堡垒、巩固基层政权具有十分积极的作用。

四、探讨与评论

桐乡“三治融合”基层治理模式的行之有效，得益于我们最大限度地增加和谐因素，最大限度地激发社会活力，通过通盘设计、统筹兼顾，充分发挥基层党组织的战斗堡垒作用，自治组织的主体作用，群团组织和社会组织的协同作用，以及村规民约（社区公约）的约束作用，将“三治”打造成一个有机整体。

1. 一个重要途径是突出顶层设计，从制度层面健全党建引领基层治理的完整体系

在推进党建引领“三治融合”工作中，桐乡注重系统谋划、精准指导，出台相关实施意见明确基层党组织的领导核心地位、党建引领基层社会治理的内在逻辑、“一约两会三团”工作模式、“三治信农贷”为载体的“金融惠农”行动体系等核心内容，让基层党组织协同各类社会力量共解治理难题的意识大为增强，“大事一起干、好坏大家评、事事有人管”的基层社会治理格局逐步形成。如高桥街道征迁平安项目二期地块时出台了高层公寓安置政策，得益于“一约两会三团”机制的顺畅运行，通过百姓参政团这一平台，吸纳老百姓坐下来共商共议，顺利达成了双方满意的安置方案。

2. 一个重要方法是突出群众参与，从组织层面提升党建引领基层治理的融合水平

在具体实践中，桐乡依托“三治”网格，积极推进基层党建网、民生服务网、治安管理网“三网融合”，创新党组织设置，强化党的组织和工作覆盖。通过全面落实“五议两公开”议事决策制度，大力发展以村级百姓议事会、镇级百姓参政团为主要内容的基层协商民主，逐步实现由“为民做主”向“由民做主”“与民共治”转变，更加适应了治理体系、治理能力现代化的需求，对于进一步夯实基层党组织战斗堡垒、巩固基层政权具有积极作用。

3. 一个重要理念是突出作用发挥，从人才层面培育党建引领基层治理的核心力量

桐乡市坚持抓人促事，大力选拔一批政治强、能带富、善治理的村级组织带头人，从力量上保证党组织对“三治融合”的有效领导。以抓好村社干部、三小组长、楼道长、网格员等基层自治力量为重点，同步发挥乡贤能人、志愿者、义工组织、社工机构等作用，为社会力量参与基层治理和社会服务提供强大支持。依托各级力量，及时回应群众需求，形成“事情商量着办”的良性循环，让政府和群众不再是简单的管理和被管理的关系，让党员干部做群众工作的信心增强了，党群干群关系更加密切了。

河北·灵寿
LINGSHOU·HEBEI
五岳寨主峰

灵寿县，隶属于河北省石家庄市，位于河北省西部，石家庄西北35千米处，太行山东侧，介于东经114° 28′ ~ 113° 45′，北纬38° 16′ ~ 38° 48′，全县总面积1 066.2平方千米。灵寿县气候属暖温带大陆性季风气候，截至2019年，县辖6个镇、9个乡。县人民政府驻灵寿镇；全县总人口350 397人。灵寿县历史悠久，汉高祖三年（前204年）置灵寿县，属常山郡，新中国成立后属河北省。1958年10月灵寿与正定合县，1961年12月灵、正分县，恢复灵寿县至今。灵寿县内有京赞路、锡海路、宝平路、正南公路。2016年9月，灵寿县入选国家重点生态功能区，并获得商务部“2018年电子商务进农村综合示范县”荣誉称号。

2018年，灵寿县全年地区生产总值93.81亿元，按可比价格计算，比上年增长5.2%。分产业看，第一产业增加值25.64亿元，比上年增长4.0%；第二产业增加值24.03亿元，比上年增长0.9%；第三产业增加值44.14亿元，比上年增长10.1%。人均生产总值27 453元，比上年增长5.6%。

案例二十四
厚植乡土人才培养链 涵养乡村振兴源动力

——河北省石家庄市灵寿县农业农村局

一、基本情况

2017年，灵寿县县委组织部在全县乡村开展基层党建调研发现，农村党建面临的主要问题有“三大难”：**农村青年创业难**。全县农村青年80%靠打工、种地为生，平均年收入不足2万元，农村青年人才流失严重，数量短缺、质量不高、结构失衡问题日益突出。**青年农民入党难**。据2017年年初统计，全县农村党员14 687名，其中45岁以下5 527名，仅占37.6%，特别是受家族、宗派等因素影响，有些村多年发展不了党员，成为影响农村发展、困扰基层党委的老大难问题。**村级组织纳新难**。2017年年初，全县农村干部平均年龄58.3岁，初中及以下学历占73.5%，村级组织干部队伍素质偏低、年龄老化，村级后备干部普遍匮乏，与新时代建设新农村的艰巨任务极不适应。

这些问题阻碍着农村经济社会的高质量发展，影响着村级组织纳新换血，制约着乡村振兴等重大决策部署的落实落地，急需用改革创新的思路和办法去破解。灵寿县的领导班子坚持问题导向，解放思想、大胆创新，力图找到解决问题的钥匙，用“小支点”解决“大难题”。**扑下身子、问计于民**。灵寿县组织有关部门百余次深入乡村田间，寻求“沾泥土、带露珠、接地气”的真知灼见。**迈开步子、四方取经**。灵寿县领导班子先后4次问计省委组织部、6次求援市委组织部，并带领部分乡镇党委书记赴全国发展党员工作的先进地区学习考察。**放开胆子、改革创新**。透过问计所察、深思取经所得，灵寿县决定创设农村青年人才服务中心，将中心建在乡镇、把党支部建在中心、利用中心聚集青年人才、依托党支部发展农村党员，最终将人才服务中心建成发展党员的预备库、村级干部的储备库、乡村振兴的人才库，一举破解农村党建“三大难”。图24-1为相关文件。

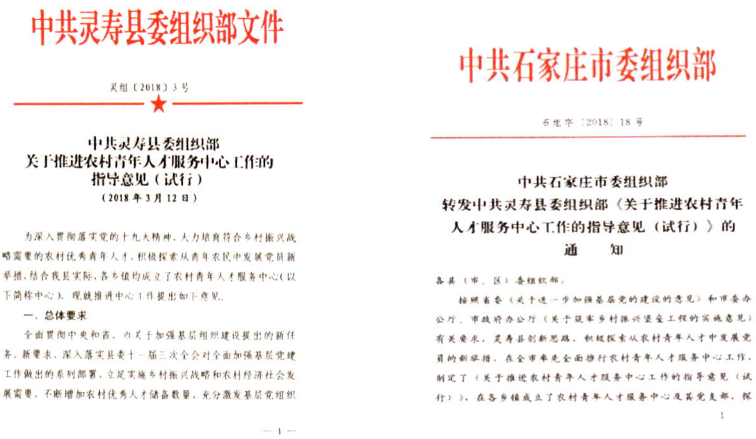

中共灵寿县委组织部文件

灵组〔2018〕3号

中共灵寿县委组织部
关于推进农村青年人才服务中心工作的
指导意见（试行）
（2018年3月12日）

为深入贯彻落实党的十九大精神，大力培育符合乡村振兴战略需要的农村优秀青年人才，积极探索从青年农民中发展党员新举措，结合我县实际，各乡镇均成立了农村青年人才服务中心（以下简称中心）。现就推进中心工作提出如下意见。

一、总体要求

全面贯彻中央和省、市关于加强基层组织建设提出的新任务、新要求，深入落实县委十一届三次全会对全面加强基层党建工作做出的系列部署，立足实施乡村振兴战略和农村经济社会发展需要，不断增加农村优秀人才储备数量，充分激发基层党组织

— 1 —

中共石家庄市委组织部

石组字〔2018〕18号

中共石家庄市委组织部
转发中共灵寿县委组织部《关于推进农村青年人才服务中心工作的指导意见（试行）》的
通　知

各县（市、区）委组织部：

按照省委《关于进一步加强基层党的建设的意见》和市委办公厅、市政府办公厅《关于筑牢乡村振兴堡垒工程的实施意见》有关要求，灵寿县创新思路，积极探索从农村青年人才中发展党员的新举措，在全市率先全面推行农村青年人才服务中心工作，制定了《关于推进农村青年人才服务中心工作的指导意见（试行）》，在各乡镇成立了农村青年人才服务中心及其党支部，探

1

▲ 图24－1　石家庄市和灵寿县出台的相关文件

二、主要做法

1.坚持系统思维，精心设计，严密组织，科学打造农村青年人才服务平台

（1）依法注册登记

经县行政审批局批准，全县15个乡镇全部注册成立农村青年人才服务中心（图24－2），中心性质是非公社会组织，主要职能是以农村青年人才库为载体，搭建学习交流和服务支持平台，为入库人才提供政策理论和技能培训、资金支持、技术指导、产业发展、岗位锻炼等多方面服务。

▲ 图24－2　青年人才服务中心揭牌

（2）规范内部运行

中心由管理机构、组织机构和工作机构组成。管理机构实行理事会负责制；组织机构由党支部、团支部组成，负责做好优秀人才发展入党（入团）等工作；工作机构为中心执行机构，设综合保障部、指导帮扶部，综合保障部主要负责人才服务中心日常工作，指导帮扶部主要负责为入库农村青年人才提供学习交流、帮扶指导等服务。同时，内部机构为中心统一制定工作流程图、发展党员流程图，建立定期例会、督导通报和问效考核等管理制度。

（3）加强机制保障

灵寿县成立由县委常委、组织部长任组长的领导小组，加强对人才服务中心工作的政策支持和督查指导；将人才服务中心工作纳入乡村两级年度考核，与基层党组织书记奖励基金评选挂钩，调动乡村两级党组织书记抓人才服务中心的积极性；将中心工作经费纳入县财政预算，统一配备标准化办公设备，2019年设立500万元人才发展专项资金，保障人才服务中心正常运行。

2.坚持创新理念，明确标准，强化服务，构建“选育管用”工作链条

（1）优质化把关“选才”

灵寿县在各乡镇建立45周岁以下农村青年人才库，鼓励政治觉悟高、服务意识和领富能力强的返乡大中专毕业生、复员退伍军人、务工经商人员、致富能手等7类农村人才申请入库，坚决将道德品行差等7类人员挡在门外。目前，全县15个乡镇入库青年人才2 032名，想发展入中心、有困难找中心，已成为广大农村青年的共识。

（2）清单式扶持“育才”

坚持因人而异、一人一策，灵寿县出台“星火工程”“发展提升工程”等意见，实施创业扶持、素质提升、岗位锻炼等计划，对有创业意愿的100余人进行了全覆盖式创业培训，发放创业贴息贷款560余万元，培树星级创业示范基地15家，提供免费创业场地1 000余平方米；利用国家发展和改革委员会定点帮扶优势，开展国家发展和改革委员会援智灵寿系列培训11场（图24-3），选派70余人到河北农业大学、辽宁大梨树培训中心等地学习种植、养殖、电商等专业技能，共组织各类培训27期、培训4 100余人次；组织青年人才认领扶贫脱贫、环境整治、信访维稳等岗位1 000余个，730多个贫困户在青年人才帮扶下脱贫，成为不占编制的乡干部、不拿工资的村干部、乡村一线的勤务员。

（3）全方位动态“管才”

灵寿县实行“一人一档”管理，乡、镇党委每半年进行一次综合评定，重点考核政治素养、遵纪守法、岗位锻炼、践诺履职、服务群众等情况，对31名考核为“较差”档次的人员及时清理出库，确保“农村青年人才库”始终充满生机与活力。

▲ 图24-3　国家部委援智灵寿系列培训

（4）多渠道统筹“用才”

对表现突出的优秀农村青年人才，及时纳入入党积极分子、重点发展对象和村级后备干部人选，优先推荐为省、市、县拔尖人才和“两代表、一委员”人选。

3. 坚持服务大局，大处着眼，小处入手，充分释放农村青年人才服务中心创新活力

（1）农村青年创业不再难，发展势头越来越好

灵寿县不仅留住一批本土人才，还吸引一批返乡人才，全县已有166名青年人才创办农业合作社或家庭农场，吸纳1 200多个农户入股发展特色产业，年总产值达到2.9亿元，同比增长11.3%。

（2）农村发展党员不再难，党员质量越来越好

灵寿县经乡镇农村年轻人才服务中心培养，累计发展预备党员和正式党员242名，全县新发展农村党员平均年龄下降16.4岁，大专以上学历占比提高14.1%，发展的党员得到群众高度认可。

（3）农村干部纳新不再难，队伍素质越来越好

2018年村“两委”换届中，372名青年人才当选村干部，其中78人当选村“两委”正职；全县村党组织书记中50岁以下人员占比提高30.1%、高中及以上文化程度占比提高53.4%、致富带头人等4类优秀人才占比提高49.5%，灵寿县各项指标均高于省、市委要求，新一届村“两委”干部年龄、知识结构明显优化，凝心聚力、领富带富能力显著增强，是历届换届中最彻底、最平稳、质量最高的一次，灵寿县荣获河北省村“两委”换届工作先进县。

（4）积极服务乡村振兴，活力效应不断放大

在农村青年人才引领和带动下，灵寿县正式退出贫困县，成功创建省级园林县城，获评农村人居环境整治全域完成示范县项目，农村青年人才在脱贫攻坚、乡村振兴、农村人居环境改善、乡村治理一线建功立业，成为助推乡村振兴的生力军。

三、成效与展望

几年来，灵寿县通过创建乡镇农村青年人才服务中心，以“乡镇建中心、中心聚人才，中心建支部、支部育党员”为内核，构建起“人才筛选储备→培养提升→岗位建功→发展党员→进入村级班子”递进式工作链条，不仅为破解农村青年入党难打开一扇窗，同时也为推动乡村振兴、巩固党在农村执政基础，打开了一扇人才之门。如今，全县正在大力开展农村青年人才发展提升三年行动计划，实施农村青年人才返乡回归、素质提升、创新创业、助力乡村振兴、服务提质“五大工程”，真正使《农村工作条例》在灵寿落地生根，力争到2022年年底，全县农村青年人才达到万人左右，进一步做大做强“爱农村、懂农业、爱农民”的“三农”工作队伍，充分激发农村青年人才创新创业活力，以人才振兴、组织振兴的实际成效扎实推动乡村全面振兴。

福建·永安
YONGAN·FUJIAN

永安（英文：Yongan）（古属延平府永安县、漳州府宁洋县）别名“燕城”。永安市隶属福建省三明市，为三明市代管县级市。永安市位于福建省的中西部，地处东经116°56′～117°47′、北纬25°33′～26°12′。永安市东接大田县，西邻连城县，南毗漳平市、新罗区，北与明溪县、三元区相接。市中心距福州280公里，离厦门290公里。

2013年，永安市总面积2 942平方公里，下辖4个街道、8个镇、2个乡、1个民族乡。2018年，永安市地区生产总值（GDP）427.76亿元，按可比价格计算，比上年增长7.7%。

永安市曾获“中国魅力城市”“中国优秀旅游城市”“国家园林城市”“国家科技进步先进市”“全国双拥模范城市”“全国绿色小康县”等称号。永安市2015年被列为第二批国家新型城镇化综合试点地区。

案例二十五

发展乡村特色产业　带动农民致富增收

——福建省永安市农业农村局

大科畲族村位于福建省永安市洪田镇最南端，距离集镇12公里。全村共有4个小组，122户共512人。村辖区面积1.1万亩，其中果园3 600亩（特早蜜橘2 500亩，脐橙600亩，芦柑500亩）。水果种植是村民收入的主要来源，2018年农村居民人均可支配收入达5.71万元。近年来，大科畲族村大力推进乡村振兴战略，实现了从贫穷到富裕的嬗变。图25-1为大科畲族村。

▲ 图25-1　大科畲族村

一、背景与起因

大科畲族村依山而建，为典型的南方丘陵地形，主要特点是多山少田，田地多为小丘垂直梯田。村里曾流行一句俗语“青蛙一跳，跳出大科20丘田”，形容该村的梯田小且如楼房一样垂直向上。十年前的大科畲族村是远近闻名的贫困村，村民的温饱都难以解决。为了改变现状，村民尝试过养殖黄兔、乌鸡，种植萝卜、桃子、板栗等农作物，但均以失败告终，不少村民只能外出打工。穷则思变，大科畲族村一方面进行市场调查，请来农业专家进行把脉论证，组织村两委和种植大户外出参观，学习取经，村两委最终正式确定在全村范围内大面积推广种植以特早蜜橘为主的水果产业。

二、做法与成效

在党的富民政策指引下，大科畲族村两委依托山地资源优势，科学调整农村产业结构，实现了在山垄田上种出“金子”的梦想。

1. 做大产业富起来

大科畲族村立足当地的地理环境和资源禀赋，牵住农业转型升级这个“牛鼻子”，因地制宜发展以特早蜜橘为主的现代特色农业。

（1）突出规模化经营

组建大科特早蜜农民专业合作社、大科橘园家庭休闲农场和大科生态农业有限公司，采取“农民专业合作社＋果农＋市场”的生产经营方式，实施“四统一”规范生产（统一技术要求、统一病虫害防治、统一品牌创建、统一产品营销），成立省级农民创业示范基地和科技特派员指导的特早熟蜜橘“两高一优”示范基地，建设了1 000多平方米的水果交易市场（图25–2）。同时结合“生态农业＋休闲旅游”的新产业新业态，发展休闲健身、农业采摘、农家乐等旅游新业态，努力实现一、二、三产全面融合，进一步推动产业兴旺。

▲ 图25–2　大科畲族村的柑橘交易市场

（2）突出品牌战略

大科畲族村注册了“大科特早蜜”水果品牌，通过水果筛选、清洗加工和精品包装，提高了水果品质，增加了水果附加值，提升了该村水果品牌的知名度和美誉度，“大科特早蜜”已成为业内闻名的水果品牌，被确认为“无公害农产品”，正在申请国家地理标志保护产品。大科畲族村通过质量兴农、绿色兴农、品牌强农战略，持续做大做强柑橘产业这篇文章，实现了山垄田上种出“金子”。近几年，早蜜收购价格稳步上升，全村仅特早蜜产值就达3 000多万元，户均收入可达20多万元（图25–3）。富裕起来的农民，家家买小车、户户建新房。目前，全村已有小车100余部，建新住房112户，占全村户数的90%多，实现了“人在乡村住，富超城里人”的梦想。

▲ 图25–3　丰收在望　硕果累累

2.培育人才活起来

产业要发展，人才是关键。由于水果的大面积种植，大科畲族村迫切需要一批“有文化、懂技术、善管理、会经营”的人员。近年来，村里全力做好新型职业农民培育这篇文章，为推动现代农业转型升级夯实人才基础。

（1）实施“能人带动”工程

大科畲族村先后将一批懂经营、善管理的党员能人吸收进党支部，培养了一批“草根专家”，成为发展经济的“智囊团”和“领头雁”。如在发展特早蜜上，支部通过党员致富能人带头示范，由村两委干部、党员和种植大户带头引进特早蜜试种，在经过试种取得了很好的经济效益基础上，引导村民积极参与，进行大面积推广种植。

（2）实施人才引进工程

大科畲族村发挥科技特派员作用，与农林大学园艺学院、植保学院建立合作关系，聘请专家、教授作为常年技术顾问，为其提供产学研基地，定期邀请教授前来授课和技术指导，培训种植户（图25–4）。同时，充分发挥科技特派员在服务农业生产、发展农村经济、推动成果转化方面的示范带动作用，实施特早蜜橘“两高一优”（高产高效优质）示范基地项目，推进项目成果转化。

▲ 图25-4　邀请专家开展调研

（3）走出去学

村里还组织村委和能人走出去，到先进地区取经，学习其他地方的水果种植和其他农业种植技术，通过“请进来”与“走出去”相结合、理论与实践相结合，不断提升村民的素质。图25-5为健康栽培示范园。

▲ 图25-5　健康栽培示范园

3.发展文化雅起来

在“富口袋”的同时不忘“富脑袋”，大科畲族村立足畲族这一独特资源，深入挖掘畲族文化、农耕文化等乡土文化，成立全市首家畲乡民俗馆，通过墙画和实物展示以及开展学畲语、说畲语、唱畲歌、跳畲舞等活动，把畲族风情尽情展示出来，努力打造畲族传统的勤劳、朴实、孝顺文化品牌。在尊崇传统，注重传承历史文化的同时，大科畲族村把根植于优秀农耕文明中的畲乡文化、礼尚道德等国学经典充分融入到乡村教育、民风家风、村规民约的建设中，建设了文化书屋、健身公园、法制文化长廊，组建秧歌队、广场舞队，利用春节、三八妇女节等节庆，开展丰富多彩的文化活动，丰富农民群众业余文化生活，让健康的文化娱乐占领农村文化主阵地，推动乡村“雅”起来，焕发乡村文明新气象。

4. 重视生态美起来

大科畲族村依托良好的生态环境，按照全镇打造“近郊生态休闲小镇”的工作思路，不断完善农村功能配套，着力发展“生态农业+休闲旅游”的新产业新业态，努力建设宜居宜业宜游的近郊农村。大科畲族村大力整治环境，在原有建设规模的基础上，再筹资150万元对村庄道路两旁、农户住宅周边环境进行绿化和美化，共种植草皮2 600平方米，各类花草树林2万多株，做到房前屋后清理无死角，道路、河道整洁、干净、无垃圾，提高村庄美化程度。为了改善群众的出行条件和居住环境，村党支部发动党员带头，组织拆除了4 500多平方米的违章建筑，对进村1.5公里的道路进行了拓改，通过以奖代补的形式组织发动村民硬化宅间道路，多方筹资修建了5 000平方米的村文体休闲广场，配套建设了篮球场和儿童活动场所，投资60万元建设农村幸福院，投资30万元对村部的广场道路进行黑色路面改造。投资300万元修建畲村橘园文化公园（主要由21米柑橘主题文化长廊、柑橘产业展示厅、水车和景观石等组成）。在美丽乡村建设中，大科畲族村注重依山而建，傍果而居，努力做到不砍树、不拆房、不挖山，处处体现自然，院院体现风情，最大限度地留住了“乡土味”。

三、经验与启示

作为一个人口较少、土地贫瘠的小山村，大科畲族村能够在短短的10年间取得了如此巨大的变化，归结起来，主要有三点启示：

1. 要有一个好的支部

“农村富不富，关键看支部；村子强不强，要看‘领头羊’。”近年来，大科畲族村始终把加强村党组织建设作为农村党建工作重点来抓，提升党建工作整体水平，全面推行“党支部+”工作模式，通过“党支部+合作社、家族农场”等新型农业经营主体，发挥党支部在发展产业、脱贫致富中的引领作用。在特早蜜产业的发展过程中，支委成员带头试种、示范，支部书记义务外出跑销路、打市场、请专家，并牵头组建了大科特早蜜农民专业合作社。在村两委的带领下，广大党员积极参与村庄村容村貌整治、民生事业发展、经济社会发展、精准扶贫等各项事务，给群众做好榜样，以此带动群众积极参与村里的各项事务。大科畲族村村新建了党群服务中心，精心打造为民服务阵地，进一步提升为民服务条件。

2. 要有一套好的机制

机制活是实施乡村振兴战略的有力保障，是决定性的要素之一，机制活是动力之源。机制一活，气象万千，全盘皆赢。永安市长期推行村干部集中议事日制度、干部坐班值班制度、每月28日村干部集中议事和公开办公日制度，完善村干部队伍的建设和管理。集中议事就是组成一个“智囊团”，支部出点子，大家定盘子，集思广益、凝智聚力，有效改变了管理决策的“一言堂”现象。工作上有什么大事难事，拿到村集中议事会上准能得到有效解决。

3. 要有一个好的产业

党的十八大以来，习近平总书记亲自为福建擘画了建设“机制活、产业优、百姓富、生态美”的新福建宏伟蓝图。产业发展是乡村振兴战略的基础保证，没有产业，乡村振兴就是“空中楼阁”。选好产业路，要因地制宜。在21世纪初，大科畲族村党支部结合当地的资源禀赋、种养习惯、气候等因素，在充分进行市场调研和科学规划的基础上，坚持“人无我有、人有我优、人优我精”的发展理念，敢闯敢试、因地制宜地发展特早蜜橘产业。同时，将传统产业和现代技术相结合，推动发展体验农业、观光农业和乡村休闲旅游业，走出了一条以特色产业为龙头，推动经济、生态和文化全面发展的乡村振兴之路。

后 记

实施乡村振兴战略是我国决胜全面建成小康社会、全面建设社会主义现代化国家的重大任务，是新时代做好“三农”工作的总抓手、总旗帜。收集、整理全国各地在实施乡村振兴战略实践工作中好的做法和经验以及典型案例，研究推进乡村振兴战略实施的思路、具体方式方法，供广大农业和农村地区工作者借鉴、学习和参考，是“三农”工作研究机构的分内之事，更是我们从事“三农”工作者义不容辞的责任。

本书展示的实施乡村振兴优秀案例，从不同层面和不同角度介绍了各级政府、组织和机构在实施乡村振兴战略工作中的优秀典型。他们始终把实施乡村振兴战略作为全党工作的“重中之重”，坚定信心、咬定目标、苦干实干、久久为功。他们树立正确的工作导向，因地制宜地做好乡村振兴战略规划和专项规划以及方案的编制、实施工作，做好规划引领和法制保障，做到抓重点、补短板、强弱项，解决好农产品发展质量、效益和竞争力问题以及环境污染、村庄空心化、人口老龄化等突出问题，不断提升农民的获得感、幸福感、安全感，努力实现党对人民群众的庄严承诺。

案例中各地在实施乡村振兴战略实践工作中的做法，既有大中城市气势恢宏的"大手笔"，也有乡镇村落别具一格的"土办法"，这些做法和经验对于有效把握实施乡村振兴道路走向，开拓研究和工作视野，促进乡村振兴高质量发展，提供了具体、实用的样本，希望能对各地更好地走中国特色社会主义乡村振兴道路，维护农民群众根本利益、促进农民共同富裕起到积极的借鉴和启迪作用。

本书案例和资料得到了上海市农业农村委员会，浙江省宁波市鄞州区人民政府，贵州省六盘水市农业农村局，浙江省绍兴市农业农村局，福建省龙岩市农业农村局，山东省曲阜市农业农村局等许多部门和单位的大力支持，他们提供了大量翔实的资料，为本书的编辑出版创造了坚实的基础条件，在此特向书中25个案例材料提供单位表示衷心感谢！本书案例为首次编辑，由于缺乏经验，尚存诸多不足，恳请读者和各方人士批评指正。

本书完稿，正值全国人民抗击新型冠状病毒肺炎疫情的关键时期，我们在此祝全国抗击疫情战役尽快取得胜利，祝读者和朋友们安康！

中国小康建设研究会《全国乡村振兴优秀案例》编委会

2020年3月